그리스도와의 연합이란 무엇인가?

국립중앙도서관 출판예정도서목록(CIP)

그리스도와의 연합이란 무엇인가 / 지은이: 에드워드 데넷 ;
엮은이: 이종수. -- [서울] : 형제들의 집, 2015
　　　p. ;　　cm

원표제: Our association with Christ
원저자명: Edward Dennett
영어 원작을 한국어로 번역
ISBN 978-89-93141-71-9 03230 : ₩9000

그리스도[Jesus Christ]
복음[福音]

231.4-KDC6
234-DDC23　　　　　　　　　　　　　　　CIP2015002075

그리스도와의 연합이란 무엇인가?

에드워드 데넷 지음 | 이종수 옮김

형제들의 집

차 례

역자 서문.. 6
저자 서문.. 8

제 1장. 그리스도의 피가 가진 다양한 측면...................... 11
제 2장. 그리스도의 피가 가진 효력................................. 36
제 3장. 구속이란 무엇인가?... 72
제 4장. 그리스도와 함께 죽고
　　　　함께 부활했다는 것은 무엇인가?........................... 85

제 5장. 그 사랑하시는 자 안에서 열납되었다는 것은
  무엇인가?.. 116
제 6장. 그리스도 예수 안에서 함께 하늘에 앉아 있다는
  것은 무엇인가?... 121
제 7장. 그리스도와 우리의 연합.. 128
저자 소개... 158

역자 서문

나는 죽고 그리스도로 사는 삶을
가능케 해주는 것이 진짜 복음이다!

오늘날 많은 사람들이 죽어서 천당 가는 티켓을 얻는 것을 구원으로 굳게 믿고 있다. 그들은 공짜 구원, 공짜 천당을 외치며, 사람들에게 아주 쉽게 믿을 수 있는 길을 제시한다. 참으로 많은 사람들이 그렇게 남발된 공짜 티켓을 선물로 받은 것을 좋아하면서 세상사는 맛을 즐기고 있다. 그리고 쉬운 복음을 전한 전도자는 왜 그들이 그리스도를 닮지 않는지, 또는 닮으려고 하지 않는지 의아해한다. 하지만 피차 그리스도를 아는 냄새, 그리스도의 향기를 맡을 수 없는 건 매한가지다.

하지만 사도 바울이 전한 복음은 달랐다. 사도 바울이 전한 복음은 "항상 우리를 그리스도 안에서 이기게 하시고 우리로 말미암아 각처에서 그리스도를 아는 냄새를" 나타내는 복음이었고, "생명으로 좇아 생명에 이르는" 그리스도의 향기를 풍기는 복음이었다(고후 2:14-26).

그렇다면 세상에는 두 종류의 복음이 있는 것이다. 하나는 "사망으로 좇아 사망에 이르는 냄새"를 내는 복음이요, 다른 하나는 "생명으로 좇아 생명에 이르는 냄새"를 내는 복음이다. 물론 하나는 거짓 복음이고, 다른 하나는 참된 복음이다.

한국 교회는 지금 복음의 위기 상황에 처해 있다. 거짓 복음, 사망의 복음이 난무하고 있다. 참된 복음, 생명의 복음은 찾아보기 힘들다.

이 책은 성경에서 말하는 진짜 복음을 우리에게 말해준다. 우리를 항상 그리스도 안에서 이기게 하고, 우리를 통해서 각처에서 그리스도를 아는 냄새, 그리스도의 향기가 나게 하는 능력의 복음에 대해서 말하고 있다.

복음을 삶의 능력으로 살아내지 못하거나, 복음을 그리스도로 사는 삶으로 풀어내지 못하고 있다면, 당신이 믿는 복음은 가짜이거나 아니면 반쪽짜리이거나 둘 중 하나이다. 거짓 복음과 무기력한 복음에서 기꺼이 돌아서길 원한다면, 이 책을 읽으라.

역자 이종수

저자 서문

17년 전 처음으로 이 메시지를 전했는데, 이 메시지를 기억하고 있는 많은 사람들의 요청이 있어서, 소책자로 발행하게 되었다. 물론 많은 교정과 수정이 필요했지만, 전반적으로 여러 영혼들이 이 메시지를 통해서 많은 복을 받을 수 있었다는 간증을 해 온 터라, 아무 수정 없이 출판하는 것도 괜찮겠다는 판단을 하게 되었다. 독자들은 이 사실을 염두에 두고 읽어나가시기를 바라며, 다소 부족한 점이 있더라도 널리 양해해주시길 바란다. 아울러 주님의 영광을 위하여 이 소책자가 쓰임을 받을 수 있도록 기도를 부탁드린다.

E.D.

오, 이것은 얼마나 경이로운 은혜인가! 하나님께서 자비하심 가운데 우리에게로 내려오셨고, 허물과 죄로 죽어 있을 때 우리를 만나주셨으며, 우리를 그리스도와 함께 살리셨고, 우리를 함께 일으키셨고, 그리스도 안에서 하늘에 함께 앉게 하신 것이다! 하나님 앞에서, 하나님의 임재 가운데 항상 있게 하신 것이다!

- 에드워드 데넷

제 1장
그리스도의 피가 가진 다양한 측면
The Blood of Christ in various aspects as expressive of its value

오직 하나님만이 그리스도의 보배로운 피의 가치를 온전히 아신다. 하나님은 그리스도의 보혈에 대한 자신의 생각을 우리에게 알려주셨건만, 우리는 그 가치를 부분적으로만 알고 있다고 고백하지 않을 수 없다(고전 13:12). 보혈의 자리와 가치를 제대로 아는 것과 열정적인 영적 삶, 이 두 가지는 서로 연결되어 있다. 그리스도의 피에 대한 성경의 교리를 부정하지 않고 있음에도, 영적 활력의 결핍과 메마름을 겪고 있다면, 그것은 그에 대한 바른 인식이 없기 때문이다. 이러한 이유 때문에, 우리가 피에 대한 하나님의 생각을 충분히 이해하고 알고자 추구하는 일은 절대적으로 필요하다. 우리에겐 피가 신자들에게 어떤 효력을 가지고 있는가를 이해하는 일 뿐만 아니라, "자기를 낮추시고 죽기까지 복종하셨으니 곧 십자가에 죽으심"으로써 우리를 구속하신 그리스도께 얼마나 많은 빚을 지고 있는지를 충분히 생각하는 일도 필요하다(빌 2:8).

그리스도의 피가 가지고 있는 특징들

그러므로 우리는 성경에서 말하는 그리스도의 피가 가지고 있는 몇 가지 특징들을 살펴보고자 한다. 피가 가지고 있는 효력의 몇 가지 특징들을 살펴보게 될 때, 우리는 그리스도의 보혈이 가지고 있는 그 경이로운 가치로 인해서 큰 감동을 받게 될 것이다. 우리가 그리스도의 피를 언급할 때, 이것은 그리스도께서 십자가에서 죽으실 때 흘리신 보배로운 피를 가리키며, 또한 피는 생명을 대표하고 있음을 (왜냐하면 피에 생명이 있기 때문에) 굳이 말할 필요가 없을 줄로 안다. 그렇게 그리스도께서는 "친히 나무에 달려 그 몸으로 우리 죄를 담당하셨을 때" 자신의 생명을 희생하신 것이다(벧전 2:24).

속전과 대속물로서의 피

성경에서 우리에게 말하고 있는 주요한 메시지 가운데 하나는, 바로 그리스도의 피가 우리의 속전(贖錢, our ransom)이었다는 것이다. 이 부분은 하나님의 말씀 가운데 여러 성경구절에서 매우 분명하게 언급되고 있다. "너희가 알거니와 너희 조상의 유전한 망령된 행실에서 **구속된 것은 은이나 금같이 없어질 것으로 한 것이 아니요 오직 흠 없고 점 없는 어린 양 같은 그리스도의 보배로운 피로 한 것이니라**."(벧전 1:18,19) "우리가 그리스도 안에서 그의 은혜의 풍성함을 따라 **그의 피로 말미암아 구속 곧 죄 사함을 받았으니**"(엡 1:7) 또한 구속함을 받은 사람은 "일찍 죽임을 당하사 각 족속과 방언과 백성과 나라 가운데서 사람들을 **피로 사서** 하나님께 드리시고"(계 5:9)라고 노래한다. 주님은 친히 "인자가 온 것은 섬김을 받으려 함이 아니라 도리어 섬기려 하고 **자기 목숨을 많은 사람의 대속물로 주려 함이니라**"(마 20:28)고 말씀하심으로써 동일한 진리를 표현하셨다. 여기서 "대속물(ransom)"이란 단어의 의미는, 구속을 위하여 지불된 값을 의미한다. 그리고 "구속(救贖, redemption)"이란 말은 "팔린 상태 혹은 노예 상태에서 건지는 것, 혹은 되사오는 것"을 의미한다. 따라서 만일 그리스도의 피가 우리의 속전 또는 대속물이었다면, 그것은 여러 가지 의미를 내포하고 있는 것이다.

그에 대한 의미들은 다음과 같다.

(1) 우리는 팔린 상태 혹은 노예상태에 있었다. 게다가 속전을 지불할 능력도 없었고, 구속을 이룰 수 있는 기회도 없었다. 성경은 이 사실을 분명히 선언하고 있다. 사도 바울은 "너희가 본래 죄의 종이더니"(롬 6:17)라고 말했다. 또한 히브리서는 모든 사람을 "죽기를 무서워하므로 일생에 매여 종 노릇 하는"(히

2:15) 사람들로 말한다. 따라서 이스라엘 백성들이 종노릇했던 애굽은 항상 사람이 거듭나기 이전의 자연적 상태와 조건(natural state and condition)을 상징하고 있다. 만일 우리가 우리 자신의 과거를 돌아보면, 하나님 앞에서 그 백성들의 죄로 인해서 처참한 심정으로 무릎을 꿇고 "우리가 비록 노예가 되었사오나"(스 9:9)라고 고백했던 에스라와 같이 외치지 않을 수가 없다. 그러한 것이 모든 신자의 과거 상태일 뿐만 아니라 주 예수 그리스도를 믿지 않고 있는 모든 사람들의 현재 상태이다. 사도 바울은 로마에 있는 성도들에게 "너희 자신을 종으로 드려 누구에게 순종하든지 그 순종함을 받는 자의 종이 되는 줄을 너희가 알지 못하느냐 혹은 죄의 종으로 사망에 이르고 혹은 순종의 종으로 의에 이르느니라"(롬 6:16)고 말했다. 그렇다면 회심한 일이 없는 사람은 누구나 죄의 종이자 또한 죄의 노예된 상태에 있다. "이러므로 한 사람으로 말미암아 죄가 세상에 들어오고 죄로 말미암아 사망이 왔나니 이와 같이 모든 사람이 죄를 지었으므로 사망이 모든 사람에게 이르렀느니라."(롬 5:12) 따라서 (죄에 대한 하나님의 의로운 심판인) 사망의 권세가 사탄에 의해서 모든 불신자들에게 행사되고 있다.

(2) 그리스도의 피는 이처럼 죄의 노예상태와 종노릇하는 상태에서 우리를 구속할 뿐만 아니라 그 상태에서 우리를 건져주기 위해서 지불된 값이었다(벧전 1:18,19, 마 20:28). 그리스도께

서 우리를 대신해서 죽으심으로써 "의인으로서 불의한 자를 대신하셨으니 이는 우리를 하나님 앞으로 인도하려는 것이었다." (벧전 3:18) 이로써 그리스도께서는 하나님이 우리에게 요구하시는 모든 조건들을 만족시키셨고 충족시키셨다. 그리스도는 우리의 모든 책임을 떠맡으셨고, "친히 나무에 달려 그 몸으로 우리 죄들을 담당하셨다." (벧전 2:24) 다른 말로 해서, 그리스도는 우리의 모든 빚을 다 갚아주셨는데, 그 값이 바로 자신의 피였던 것이다. 따라서 그리스도께서 우리를 위해서 내어놓으신 그리스도의 목숨을 의미하는, 그 흘리신 피는 하나님의 거룩성을 정당화시킬 뿐만 아니라, 우리가 지은 죄들을 영원히 속죄했기에 하나님을 영광스럽게 하며, 우리를 위한 영원한 구속을 이루는 확실한 근거가 된다. 아, 참으로 보배로운 피가 아닌가! 그 가치를 측량할 수 없을 정도로 보배롭기 그지없다. 이러한 가치는 무한하신 하나님의 가치 판단에 따른 것이다. 그렇다면 이에 견줄 수 있는 것은 세상에 없다. 지상에 있는 모든 재물과 보화와 보석을 다 모은다 해도, 거기에 아프리카와 브라질에서 채굴한 모든 다이아몬드를 합친다 해도, 그리스도의 피가 가진 가치에 비할 바가 되지 못한다. 이 모든 것들은 하나님 앞에선 그저 돌덩어리 또는 한 줌 먼지에 불과하기 때문이다. "자기의 재물을 의지하고 풍부함으로 자긍하는 자는 아무도 결코 그 형제를 구속하지 못하며 저를 위하여 하나님께 속전을 바치지도 못할 것은 저희 생명의 구속이 너무 귀하며 영영히 못할 것임이라." (시 49:6-8) 하나님만이 속전을 준비하실 수 있다. 하나님은 자기 아들을 내어 주심으로써 속전을 지불하셨다. 생명의 구속을 위해서 지불된 속전은 다름 아닌 십자가에서 흘리신 피였다. 그분의 이름을 찬송할지라!

(3) 그러므로 신자들은 구속함을 받았다. 신자는 장차 구속(救贖)을 받게 되는 것이 아니라, 이미 구속을 받았다. 노예의 집에서 벗어나 하나님의 집에 들어온 것이다. 우리 영혼의 구속을 이미 완성된 역사로 뒤돌아볼 수 있다는 것은, 얼마나 우리 영혼을 안심하게 해주는가! 그렇다면 우리를 구속하는 수단은 바로 그리스도의 피였으며 또한 우리가 그리스도의 피를 통해서 구속함을 받았다는 사실을 생각해볼 때, 우리 영혼은 감사와 사랑의 영으로 가득해진다.

죄에서 깨끗하게 해주는 피

그리스도의 피는 또 다른 측면을 가지고 있는데, 곧 우리를 죄에서 깨끗하게 해준다(cleansing from sin)는 것이다. "그 아들 예수의 피가 우리를 모든 죄에서 깨끗하게 하실 것이요."(요일 1:7) "우리를 사랑하사 그의 피로 우리가 지은 죄들에서 우리를 깨끗하게 하시고"(계 1:5, KJV) 뿐만 아니라 큰 환난에서 나오는 무리들에 대해서 장로는 요한에게 "어린 양의 피에 그 옷을 씻어 희게 하였다"(계 7:14)고 말했다. 동일한 개념이 죄 사함에도 적용된다. 죄들을 사하는 것은 그리스도의 피를 통해서 되기 때문이다. 이제 네 가지 설명을 통해서 어떻게 깨끗하게 되는지 그 과정을 살펴보자.

(1) 하나님은 모든 신자를 그리스도의 피의 보호 아래 있는 존재로 보신다. 믿음의 눈으로 세상 죄를 지고 가는 하나님의 어린양을 바라보자마자, 우리 영혼은 그리스도의 속죄제사가 가진 효력을 입고서 하나님 앞에 서 있게 된다. 왜냐하면 모든 은혜 가운데 계신 하나님은 그리스도의 피 흘리신 것을 믿는 모든 사람을 위한 것으로 받으셨기 때문이다. 그러므로 믿음만이 영혼과 피 사이를 연결시켜준다. 따라서 그리스도의 피에 대한 온전한 믿음을 갖는 순간 신자는, 이스라엘 백성들이 애굽 땅에서 유월절 어린양의 피의 보호하는 권세 아래 들어갔던 것처럼, 그리스도의 피의 보호하는 권세 아래 들어가게 된다.

(2) 하나님은 그리스도의 피를 바른 사람, 즉 그리스도의 피를 믿는 사람에게선 아무런 죄와 허물을 보시지 않는다. 피는 죄를 위한 속죄를 이루었기 때문에, 하나님의 눈이 죄를 보실 수 없도록 죄를 가린다. 이것은 모형적으로 속죄소를 통해서 나타났다. 언약궤 속에는, 이스라엘 백성들이 축복을 받는 조건으로 순종할 것을 약속했던 율법을 새긴 두 돌판이 들어있었다. 하지만 그

들의 전체 역사는 범죄의 역사였다. 따라서 하나님께서 율법이 깨어지는 것을 보신다면, 하나님은 의로운 심판으로 개입하실 수밖에 없었다. 따라서 언약궤 위에 있는 속죄소에는 깨어진 율법을 하나님이 보시지 못하도록 가리고자 뜻에서, 속죄의 피가 발라져있었다. 그 결과 하나님은 백성의 죄를 보시는 대신에, 속죄하는 피를 보셨고, 이로써 하나님은 이스라엘 백성들과 자비와 은혜의 관계를 유지하실 수 있었다. 동일한 방식으로 그리스도는 우리의 속죄소가 되신다. 왜냐하면 하나님께서 예수 그리스도를 "그의 피로 인하여 믿음으로 말미암는 화목제물(속죄소)로 세우셨기" 때문이다(롬 3:25). 따라서 하나님은 더 이상 우리의 죄들을 보지 않으시며, 다만 그리스도의 피를 보신다. 하나님이 그 피를 보시는 곳에선 (하나님은 피가 신자를 덮고 있는 것으로 보신다) 더 이상 죄를 보실 수 없으시다.

(3) 따라서 신자들은 그리스도의 피에 의해서 깨끗케 되었다. 믿음을 통해서 피가 적용된 사람은 "온 몸이 깨끗하다."(요 13:10) 그렇다면 우리는

"지극히 보배로운 그리스도의 피가
한 점 얼룩도 없이 깨끗하게 만들었네."
라고 노래할 수 있는 사람이 되었다.

아, 우리의 믿음은 가끔 이 찬송가의 가사에 이르지 못하는 상

태에 떨어지곤 한다! 그럼에도 우리는 그리스도의 보혈이 우리가 지은 죄들의 모든 흔적을 완전히 제거해버렸다는 확실한 하나님 말씀의 증거를 가지고 있다. "염소와 황소의 피와 및 암송아지의 재로 부정한 자에게 뿌려 그 육체를 정결케 하여 거룩케 하거든 하물며 영원하신 성령으로 말미암아 흠 없는 자기를 하나님께 드린 그리스도의 피가 어찌 너희 양심으로 죽은 행실에서 깨끗하게 하고 살아 계신 하나님을 섬기게 못하겠느뇨?"(히 9:13,14).

(4) 성경은 그리스도의 피를 신자에게 재삼재사 적용하는 것으로 한번도 언급한 적이 없다. 한번 깨끗해졌으면, 신자는 하나님 앞에서 영원히 깨끗해진 것이다. 따라서 히브리서 10장 1-14절은 율법 아래 반복해서 속죄 제사를 드린 것과는 달리, 그리스도의 몸을 단번에 드리신 제사가 가진 영원한 효력에 대해서 설명하고 있다. "저가 한 제물로 거룩하게 된 자들을 영원히 온전케 하셨느니라."(히 10:14, 히브리서 9장 24-26절도 보라.) 십자가에서 흘리신 보혈, 그리고 하나님께 바쳐진 보혈은 그 가치에 변함이 없기에, 우리 영혼을 위한 효력도 영구적이다. 따라서 죄의 문제는 더 이상 제기될 수 없으며, 우리가 지은 죄들은 더 이상 우리를 송사할 수 없다. 그렇지 않다면 우리는 그 사랑하는 자 안에서 열납될 수 없을 것이다. 하지만 우리는 그 피의 영원한 효력 때문에, 그 사랑하는 자 안에서 받아들여졌고, 즉 열납되

었고 하나님 앞에서 영원히 거할 수 있는 지위를 얻었다. 하지만 우리는 매일 살아가는 동안 죄를 짓고, 다시 더럽혀진다. 하나님은 이에 대한 대책까지도 예비하셨다. 그것은 아버지 앞에서 우리의 변호자이신 의로우신 예수 그리스도의 중보 사역과 말씀의 물을 통해서 씻는 것이다(요일 2:1, 엡 5:26, 시 119:9,11). 그럼에도 우리는 피의 공로 덕분에 하나님 앞에서 흠도 점도 없는 상태로 머물러 있다. "이미 목욕한 자는 발밖에 씻을 필요가 없느니라 온 몸이 깨끗하기" 때문이다(요 13:10).

칭의를 가능케 하는 피

로마서는 "이제 우리가 그 피를 인하여 - 그리스도의 피 덕분에 - 의롭다 하심을 얻었은즉"(롬 5:9)이라고 말하고 있다. 그리스도의 피는 하나님 눈앞에 너무도 보배로운 것이다. 왜냐하면 그리스도께서 자신의 죽음을 통해서 우리의 죄에 부과된 진노의 잔을 마지막 한 방울까지 다 마셨기 때문이다. "그가 찔림은 우리의 허물을 인함이요 그가 상함은 우리의 죄악을 인함이라." (사 53:5) 이로써 그리스도께서는 충분하고도 완전하게 하나님 앞에서 속죄 사역을 완성하셨고, 이를 토대로 해서 하나님은 재판장의 자리에서 일어나실 수 있었고, 죄인을 만나주셨고, 죄인을 품에 안으시면서, 그 모든 죄를 사하시고, 이제 그리스도를 믿는 모든 사람을 공의롭게 의롭다고 선포하실 수 있었다.

그러므로 우리가 의롭다 함을 받은 것, 즉 우리의 칭의는 피의 가치에 대한 하나님의 반응인 것이다. 그렇다. 우리는 그리스도에게 부여된 영광을 기초로 해서 의롭다 함을 얻었다. 우리 주님이 세상에 계실 때, 곧 세상을 떠나 아버지께로 가실 때가 되었을 때 무슨 말씀을 하셨는가? 주님은 "아버지께서 내게 하라고 주신 일을 내가 이루어 아버지를 이 세상에서 영화롭게 하였사오니 아버지여 창세 전에 내가 아버지와 함께 가졌던 영화로써 지금도 아버지와 함께 나를 영화롭게 하옵소서."(요 17:4,5)라고 기도하셨다. 하나님은 그 기도를 들으셨고 응답하셨다. 하나님은 그리스도를 영화롭게 하셨다. 그 결과 하나님은 그리스도를 자신의 우편 자리, 그 영광의 자리에 앉히셨다. 왜냐하면 그리스도께서 갈보리에서 흘리신 피에 대한 가치, 즉 그 무한한 가치 때문이었다. 사실 그리스도께서 하나님을 지극히 영광스럽게 해드린 것도 피를 흘리셨기 때문이다. 그렇게 하기 위해서 자신을 낮추시고 죽기까지 순종하셨으니 곧 십자가에 죽으신 것이다. "아버지께서 나를 사랑하시는 것은 내가 다시 목숨을 얻기 위하여 목숨을 버림이라."(요 10:17)

영화를 가능케 하는 피

하나님께서 그리스도를 영화롭게 하였기 때문에, 하나님은 또한 우리를 영화롭게 하실 것이다. "또 미리 정하신 그들을 또한 부르시고 부르신 그들을 또한 의롭다 하시고 의롭다 하신 그들을 또한 영화롭게 하셨느니라."(롬 8:30) 우리는 우리의 칭의가 영화롭게 되는 과정 가운데 하나의 단계임을 볼 필요가 있다. 따라서 우리의 칭의가 하나님께서 피의 가치를 인정하시는 시작 단계에 있는 것이라면, 장차 우리가 그리스도와 함께 영화롭게 되는 우리의 영화(榮化)는 그 피의 효력이 온전히 나타나게 되는 최종적인 단계에 있는 것이다. "우리가 그와 같을 줄을 아는 것은 그의 계신 그대로 볼 것을 인함이니"(요일 3:2)

성화를 가능케 하는 피

더욱이 성경은 신자들이 그리스도의 피에 의해서 거룩하게 되었다 또는 성화되었다고 가르치고 있다. 따라서 우리는 "그러므로 예수도 자기 피로써 백성을 거룩케 하려고 성문 밖에서 고난을 받으셨느니라"(히 13:12)는 구절과 "이 뜻을 좇아 예수 그리스도의 몸을 단번에 드리심으로 말미암아 우리가 거룩함을 얻었노라."(히 10:10)는 구절을 볼 수 있다.

이제 우리는 성경에서 말하고 있는 성화의 본질을 잘 이해할 필요가 있다. 레위기를 보면, 우리는 아론과 그의 아들들이 성별되는 것을 볼 수 있다. 거기서 모세는 위임식의 숫양을 잡아서 그 피를 취하여 "아론의 오른 귓부리와 오른손 엄지가락과 오른

발 엄지가락에 바르고 아론의 아들들을 데려다가 그 오른 귓부리와 오른손 엄지가락과 오른발 엄지가락에 그 피를 바르는" 것을 보게 된다. 그리고 나서 최종적으로 "모세가 관유와 단 위의 피를 취하여 아론과 그 옷과 그 아들들과 그 아들들의 옷에 뿌려서 아론과 그 옷과 그 아들들과 그 아들들의 옷을 거룩하게" 했다(레 8:22-30 참조). 히브리서 9장은 바로 이 구절들과 연결해서 읽어야 한다.

지금 우리가 살펴보고 있는 성화는, 하나님의 영에 의해서 신자 속에서 이루어지는 실제적인 성화(거룩)에 대한 것이 아니라, 신분적인 성화에 대한 것이다. 이렇게 신분적인 성화란 아론과 그의 아들들의 경우처럼, 언제라도 하나님의 임재 속으로 들어갈 수 있는 자격을 의미한다. 거룩하지 못한 것들에게서 따로 구별되어서 거룩한 용도, 즉 하나님을 섬기는 일에 신성하게 성별되는 것이다. 그렇다면 신분적인 성화는 예배를 위한 자격을 갖추게 된 것을 의미한다. 그렇다면 죄 사함을 받아 죄가 양심에서 완전히 제거된 사람들만 예배자로서 은혜의 보좌 앞에 나아갈 수 있다. 이러한 성화는 그리스도의 피를 통해서 신자에게 이루어졌다. 우리가 믿음을 통해서 그리스도의 피의 가치 아래 들어가 보호를 받게 되자마자, 하나님은 우리를 자신의 것으로 주장하신다. 하나님은 우리가 더 이상 우리의 것이 아니며, 우리를 덮고 있는 피가, 우리가 그분의 것으로서 하나님을 섬기는 일에 성별되었고, 거룩하게 되었고, 신성하게 되었다는 표시라는 것을 상기시키신다. (그 후에 기름부음이 있었던 것처럼) 내주하는 성령을 선물로 받음으로써 우리를 성별시키는 인침이 있게 된다.

따라서 우리는 피로 샀으며, 피로 씻음을 받았으며, 피로 성화된 예배자들로서, "예수 그리스도로 말미암아 하나님이 기쁘게 받으실 신령한 제사를 드릴 거룩한 제사장"(벧전 2:5)이며 또한 "택하신 족속이요 왕 같은 제사장들이요 거룩한 나라요 그의 소유된 백성"(벧전 2:9)이다. 우리는 "예수의 피를 힘입어 지성소에 들어갈 담력을" 가진 사람들이다. 지성소에 들어가는 "그 길은 우리를 위하여 휘장 가운데로 열어 놓으신 새롭고 산 길이요 휘장은 곧 저의 육체니라."(히 10:19,20) 두 가지 엄숙한 내용이 이 진리에서 나온다. 첫 번째는 우리 제사장의 옷이 더럽혀지지 않도록 지킬 의무이다. 제사장은 주의 성결한 그릇으로 항상 정결해야 한다(사 52:11). 두 번째 우리가 예배를 드리는 장소는 휘장 안쪽에 있는 지성소이다. 우리는 여러 가지 면에서 이 진리를 잃어버렸다는 것을 새삼 말할 필요가 없을 것이다. 사실 예배를 드릴 장소는 넘쳐나고 있지 않은가? 하지만 여기서 말하고 있는 지성소는 하늘에 있는 것이다. 우리는 피에 의해서 성화되었기 때문에 언제라도 하나님의 임재 속으로 들어갈 수 있게 되었다는 사실을 잊지 말아야 한다. 우리가 예수님의 피를 힘입어 찢어진 휘장을 지나 모든 성소 가운데 가장 거룩한 성소인 지성소 안으로 들어가 하나님을 예배하는 것은, 우리 개인들의 특권일 뿐만 아니라, 우리가 그리스도의 이름으로 함께 모이는 교회의 특권인 것을 늘 기억하라.

화목을 이룬 피

우리는 또한 화목이 그리스도의 피를 통해서 이루어진 것을 볼 필요가 있다. "아버지께서는 모든 충만으로 예수 안에 거하게 하시고 그의 십자가의 피로 화평을 이루사 만물 곧 땅에 있는 것들이나 하늘에 있는 것들을 그로 말미암아 자기와 화목케 되기를 기뻐하심이라 전에 악한 행실로 멀리 떠나 마음으로 원수가 되었던 너희를 이제는 그의 육체의 죽음으로 말미암아 화목케 하사 너희를 거룩하고 흠 없고 책망할 것이 없는 자로 그 앞에 세우고자 하셨다." (골 1:19-22) 에베소서는 "이제는 전에 멀리 있던 너희가 그리스도 예수 안에서 그리스도의 피로 가까워졌느니라." (엡 2:13)고 말하고 있고, 로마서는 "곧 우리가 원수 되었을 때에 그 아들의 죽으심으로 말미암아 하나님으로 더불어 화목되었은즉 화목된 자로서는 더욱 그의 살으심을 인하여 구원을 얻을 것이니라 이뿐 아니라 이제 우리로 화목을 얻게 하신 우리 주 예수 그리스도로 말미암아 하나님 안에서 또한 즐거워하느니라." (롬 5:10,11)고 말한다.

우리가 이상의 구절들을 보면, 이중적인 화목이 이루어진 것을 볼 수 있다. 성경은 골로새 신자들이 화목되었다고 말한다. 게다가 만물이 화목케 될 것이라고 말한다. 성경은 이러한 두 가지 측면을 모두 말하고 있다.

따라서 성도들은 그리스도의 피로 말미암아 화목케 되었다. 물론 이 사실은 지금까지 다룬 여러 가지 측면들과 연결되어 있다. 하지만 골로새서가 말하고 있는 화목의 개념에는 다소 다른 점이 있다. 골로새서는 사람들을 보는 관점이 다르다. 즉 구속을 필요로 하는 포로상태에 있지 않고, 깨끗케 되는 것을 필요로 하는 유죄상태에 있지도 않고, 다만 하나님과 원수된 상태에 있는 것으로 보고 있다. 그래서 사람들은 하나님에게서 멀리 떠나있다. 그래서 골로새서는 "전에 악한 행실로 멀리 떠나 마음으로 원수가 되었던 너희"(골 1:21)라고 말한다.

이제 화목의 특징을 생각해볼 때, 최우선적으로 보아야 하는 것은 하나님 쪽에서는 우리와 화목을 이루실 이유가 없었다는 것이다. 사실 우리 쪽에서 하나님과 화목을 이룰 필요가 있었다. 하나님은 자신의 피조물 가운데 가장 큰 죄인들인 우리를 향해 원수된 마음을 품으신 적이 없으셨다. 사실 우리가 하나님을 대적하는 마음을 가지고 있었다. 하나님은 사랑이시다. 사람의 죄가 하나님의 사랑이 흘러들어오는 것을 차단하는 장벽처럼 높이 서있었던 것이다. 하나님은 거룩한 하나님이시다. 그렇기에 죄를 용납하거나 간과하실 수 없다. 따라서 세상을 이처럼 사랑하셨던 하나님은 자기의 독생자를 주셨다. 이는 아들을 믿는 자마다 멸망치 않고 영생을 얻도록 하기 위한 것이다(요 3:16). 이내 그리스도의 사역이 완성되었고, 복음 메시지가 곳곳마다 죄인들에게 선포되었는데, 바로 "너희는 하나님과 화목하라"(고후 5:20)는 것이었다. 복음을 듣고 믿는 모든 사람들은 피를 통해서 하나님과 화목된다. 왜냐하면 죄에 관한 모든 문제가 십자가에서 해결되었고, 하나님은 그리스도를 믿는 모든 사람을 합법적으로 안을 수 있게 되었기 때문이다. 하나님의 사랑은 그간 굳게 서있던 모든 장벽을 무너뜨렸다. 따라서 하나님은 죄인을 자신과의 영원한 화목 속으로 들어오도록 하실 수 있게 되었다. 따라서 피로 말미암아 화목된 자로서 우리가 받은 복은 하나님의 사랑을 화평 속에 누리게 되었다는 것이다. 이제 우리는 그리스도로 말미암아 하나님 앞에서 "거룩하고 흠 없고 책망할 것이 없는 자로" 세움을 입었다(골 1:22). 우리는 완전한 수용과 용납과 열납의 상태에 있다. 그러므로 하나님은 자신의 사랑 안에 있는 우리를 보시며 완전한 만족과 쉼을 누리고 계신다. 왜냐하면 하나님은 그리스도 안에서 우리에 대해서도 만족하셨기 때문이다.

화목의 두 번째 특징은 땅에 있는 것들과 하늘에 있는 것들, 즉 만유를 포함할 정도로 우주적이라는 것이다. 그리스도께서 죽으심으로써 이룬 화목의 효력은 사람에게 미칠 뿐만 아니라 만물에게도 미친다. 그리스도의 보배로운 피가 가진 효력은 장차 온 피조 세계에까지 미치게 될 것이다. "그 바라는 것은 피조물도 썩어짐의 종 노릇 한 데서 해방되어 하나님의 자녀들의 영광의 자유에 이르는 것이니라."(롬 8:21) 경이로운 효력을 가진 그리스도의 보혈이여! 하늘에 있는 것들과 땅에 있는 것들이 다 그리스도 안에서 하나로 통일을 이룰 때, 때가 찬 경륜에 속한 복들이 그 피가 가진 아름다운 효력과 능력을 인해서 한없이 흘러나가게 될 것이다!

새 언약을 체결하고 비준해준 피

새로운 언약은 그리스도의 피로 말미암아 체결되었고, 그리스도의 피를 통해서 비준(批准)되었다. 유월절 식탁에서 제자들과 함께 앉으셨던 주님은 잔을 가지고 사례하신 후 그들에게 주시면서, "나의 피 곧 언약의 피니라"(마 26:28)이라고 말씀하셨다. 히브리서는 이것을 "영원한 언약의 피"(히 13:20)라고 부른다. 이러한 표현들에 내포된 힘은 모세 언약을 참고할 때, 더욱 잘 느낄 수 있다. "모세가 피를 취하여 반은 여러 양푼에 담고 반은 단에 뿌리고 언약서를 가져 백성에게 낭독하여 들리매 그들이 가로되 여호와의 모든 말씀을 우리가 준행하리이다 모세가 그 피를 취하여 백성에게 뿌려 가로되 이는 여호와께서 이 모든 말씀에 대하여 너희와 세우신 언약의 피니라."(출 25:6-8, 이 구절을 인용한 히브리서 9장 18-20절도 읽어 보라.)

따라서 하나님은 시내산 앞에서 이스라엘과 맺은 언약을 피로써 확증하셨다. 바로 동물의 피로써 그리하셨다. 하지만 새 언약은 그리스도의 피로 비준하셨다. 그리스도의 피는 황소의 피보다 더욱 귀하기 때문에, 새 언약은 옛 언약 보다 더욱 귀하다. 다른 말로 하자면, 하나님의 아들의 피로 세운 새 언약을 확증하신 하나님은, 이로써 자기 백성들에게 그 언약의 영원성과 불변성뿐만 아니라, 그 언약에 속한 복이 가진 값을 헤아릴 수 없는 무한한 가치성까지도 선포하신 것이었다. 구약시대에 하나님은 자기 백성들에게 하나님의 말씀과 하나님의 약속의 확실성을 굳게 붙들도록 자주 격려하셨다. 하지만 하나님은 "너희가 능히 낮에 대한 나의 약정과 밤에 대한 나의 약정을 파하여 주야로 그 때를 잃게 할 수 있을진대 내 종 다윗에게 세운 나의 언약도 파하여 그로 그 위에 앉아 다스릴 아들이 없게 할 수 있겠으며 내가 나를 섬기는 레위인 제사장에게 세운 언약도 파할 수 있으리라"(렘 33:20,21)고 말씀하셨다. 하지만 이제 하나님은 자기 백성들의 믿음의 기초를 자기 아들의 피 위에 세우셨다. 자기 아들을 죽음에 내어주신 것은, 의심하는 마음을 가진 사람들이 더 이상 반박할 수 없을 정도로 너무도 명백하고도 확실한 증거인 것이다. 그래서 사도 바울은 "자기 아들을 아끼지 아니하시고 우리 모든 사람을 위하여 내어 주신 이가 어찌 그 아들과 함께 모든 것을 우리에게 은사로 주지 아니하시겠느뇨?"(롬 8:32)라고 묻고 있다.

이스라엘의 미래 축복에 대한 소망을 확실하게 하고, 새 언약이 반드시 이루어질 것을 인친 것은 바로 그리스도의 피이다(히 8:6-13을 보라). 첫 언약 아래 있었던 이스라엘 백성들은 그 언약이 성취되는 조건으로서 순종의 맹세를, 너무 성급하게 해버렸다. 하지만 그들은 실패했다. 이제 하나님은 자신의 뜻을 나타내고 이루어 가는 일에 은혜 안에서 역사하신다. 하나님은 그들을 위해서 예비된 기업도 안전하게 하셨다. 따라서 우리 뿐만 아니라 그들도 그리스도의 보혈에 빚을 지고 있다.

사탄의 참소를 이기게 해주는 피

요한계시록에 보면 어린양의 피는 사탄의 참소를 이길 수 있는 수단으로 계시되어 있다. 게다가 (그리스도의 몸된 교회가 휴거된 후에) 사탄은 대환난의 시기 동안 땅에 있는 성도들을 하나님 앞에서 정죄하고 참소하는 일을 하는 존재로 설명되어 있다. 하지만 그들은 "어린 양의 피와 자기의 증거하는 말을 인하여 저를 이기었다"(계 12:10,11)고 부연 설명되고 있다. 따라서 지금 우리도 이렇게 해야 한다. 성경을 여러 군데 살펴보면, 사탄은 계속해서 하나님의 백성들을 참소하는 일을 하고 있음을 볼 수 있다. 사실 우리는 그가 참소하는 내용 가운데 일부는 잘못된 것이고, 일부는 옳은 것이라고 고백할지도 모른다. 하지만 만일 그 모든 것이 옳다면 어찌해야 하는가? 그렇다면 우리는 "그 아들 예수의 피가 우리를 모든 죄에서 깨끗하게 하실 것"(요일 1:7)을 믿으면 된다. 거기엔 겸손과 우리 자신에 대한 철저한 판단이 요구된다. 하지만 사탄의 적극적인 참소에도 불구하고, 그는 우리를 다시 유죄상태로 끌어내릴 수 없다. 왜냐하면 어린양의 피가 우리를 하나님 앞에서 눈과 같이 희게 했기 때문이다. 이제 우리에겐 "아버지 앞에서 대언자가 있으니 곧 의로우신 예수 그리스도시라."(요일 2:1) 바로 예수 그리스도는 우리 대적이 참소하는 모든 송사들을, 그 피가 가지고 있는 영구적이고 영원한 효력을 통해서 합법적으로 상쇄시켜버리신 분이시다. 그러므로 우리는 마음의 안식을 누릴 수 있다. 우리는 비록 연약하고 늘 실패하지만, 우리를 변호하시는 변호자 예수 그리스도는 강하시고, 결코 우리를 포기하지 않으신다. 그분은 참소하는 자, 사탄의 모든 간교함을 아시고, 사탄의 모든 송사를 거절하시며, 사탄의 모든 비방에서 우리를 지켜주신다.

원수의 참소는 그치질 않고,
우리가 지은 죄들은 홍수처럼 쏟아지지만,
그리스도께서 자기 피로 다 갚으셨기에,
우리 하나님은 그 모든 송사를 거절하신다.

앞에서 인용한 구절을 보면, 그들의 증거하는 말은 승리의 수단으로서 어린양의 피와 결합되어 있는 것을 알 수 있다. 증거하는 말은 성령의 검을 의미하며, 우리의 찬송을 받으실 주님처럼 우리도 그 검을 사용해서 우리 자신을 향한 사탄의 공격을 격퇴시킬 수 있다. 사탄의 참소를 능히 퇴치할 수 있는 피의 가치를 아는 것에 비례해서, 우리는 원수와의 싸움 속에서 성령의 검을 사용하는 능력을 더 받게 될 것이다. 우리는 피가 가진 가치와 검을 사용하는 방법에 대해서 지속적으로 배울 필요가 있다. 그렇게 하면 할수록 우리는 우리를 사랑하시는 이로 말미암아 넉넉히 이기는 자들이 될 것이다.

그리스도의 대제사장 직분의 토대로서의 피

주 예수 그리스도는 피의 가치를 따라서 자기 백성들을 변호하는 자신의 제사장 직분을 행사하신다. "그리스도께서 장래 좋은 일의 대제사장으로 오사 손으로 짓지 아니한, 곧 이 창조에 속하지 아니한 더 크고 온전한 장막으로 말미암아 염소와 송아지의 피로 아니하고 오직 자기 피로 영원한 속죄를 이루사 단번에 성소에 들어가셨느니라."(히 9:11,12, 24-26절도 보라.) 따라서 우리의 대제사장이신 그리스도께서 우리의 이름을 가슴에 품고 또 어깨에 달고 하나님의 임재 가운데 계신다면, 우리는 하나님 앞에서 힘과 사랑을 공급받음으로써 견고하게 서게 될 것이다.

만일 우리가 지속적으로 자비와 은혜를 받게 된다면, 우리가 당하는 모든 시험에는 도움이 따를 것이며, 우리가 당하는 모든 시련에는 동정과 긍휼이 따를 것이며, 우리가 연약함을 느낄 때마다 힘을 공급받을 것이며, 우리가 당하는 모든 슬픔에는 위로와 위안이 주어질 것이다. 그렇다. 만일 우리의 대제사장의 사역으로 말미암아 우리의 광야생활의 모든 필요가 계속해서 공급되고 충족된다면, 그것은 그리스도의 보혈이 가진 무한한 효력 때문인 것이다.

지금까지 그리스도의 피가 가지고 있는 다양한 측면을 살펴보았지만, 이상의 내용들이 전부가 아닐뿐더러 나머지 그 모든 내용들을 다 설명하려면 한도 끝도 없을 것이다. 그럼에도 은혜 안에서 역사하시는 하나님께서 우리를 위해 이루신 그 모든 일과 장차 그리스도의 모든 영광이 나타나고 또 우리가 영원히 주님과 함께 있을 수 있게 된 일과 의(義)가 거하는 새 하늘들과 새 땅에서 주님과 더불어 모든 복락을 누리게 된 일 등등. 이 모든 것은 하나님이 생각하시는 그리스도의 피의 가치와 평가에 따른 것으로서, 그 피가 흘려진 결과임을 잊지 말아야 한다. 하나님 자신이 이 모든 것의 영원한 원천이시다. 하지만 그리스도의 피는 하나님의 생각이 실현되고 하나님의 사랑이 목적한 바를 실현시켜주는, 하나님이 영원 전에 정하신 유일한 방식이었다.

우리가 이러한 것들을 생각해볼 때, 분명 우리 마음은 자기의 사랑하는 아들을 선물로 주신 하나님을 경배하고픈 마음에 머리를 숙이게 될 것이다. 우리가 주의 재림을 기다리는 동안, 그리스도의 피는 우리에게서 최고의 찬송을 자아내는 최고의 주제이며, 따라서 우리는 "일찍 죽임을 당하신" 어린양께서 하늘을 진동시키는 찬송의 중심 대상이신 것을 알게 된다(계 5장). "새 노래를 노래하여 가로되 책을 가지시고 그 인봉을 떼기에 합당하시도다 일찍 죽임을 당하사 각 족속과 방언과 백성과 나라 가운데서 사람들을 피로 사서 하나님께 드리셨도다." 새 예루살렘이 하늘에서 하나님께로부터 내려올 때, 하나님의 영광이 그 성을 비출 것이며 또한 어린양이 그 등이 되실 것이다.

이제 우리는 사도 요한과 더불어 "우리를 사랑하사 그의 피로 우리의 죄들을 씻어주시고 그 아버지 하나님을 위하여 우리를 왕들과 제사장들로 삼으신 그에게 영광과 능력이 세세토록 있기를 원하노라 아멘"(계 1:5,6)하고 찬양을 올리는 것이 마땅하다.

사랑하는 독자여, 당신은 과연 어떠한가? 주 예수 그리스도를 믿노라고 고백하는 그대여, 그대는 진정 그리스도의 보혈을 당신 자신의 피난처로 삼았는가? 그대는 과연 "나는 그리스도의 보혈 아래서 안전하다"라고 말할 수 있는가? 이 질문에 확신 있게 대답할 수 있기를 바란다. 예수님은 "내가 진실로 진실로 너희에게 이르노니 인자의 살을 먹지 아니하고 인자의 피를 마시지 아니하면 너희 속에 생명이 없느니라"(요 6:53)고 말씀하셨다. 그리고 이제 "자기 옷을 깨끗하게 씻는 자들은 복이 있으니 이는 저희가 생명나무에 나아가며 문들을 통하여 성에 들어갈 권세를 얻을 것이라."(계 22:14)고 하셨고, "이것들을 증거하신 이가 가라사대 내가 진실로 속히 오리라"(계 22:20)고 말씀하셨다. 무한한 은혜 안에 계신 하나님께서, 이 책을 읽는 모든 독자들을 그 보배로운 피로 깨끗하게 해주시고, 그 결과 "아멘 주 예수여 오시옵소서"라고 대답할 수 있게 해주시길 기도한다.

우리의 찬송을 받으시기에 합당하신 하나님의 어린양께서
그 보배로운 피를 흘려주셨네.
그 피 값으로 구속함을 받은 하나님의 모든 성도
그 능력과 권세 아래 안전하도다.

제 2장
그리스도의 피가 가진 효력
The Efficacy of the Blood of Christ

사랑하는 독자들이여, 하나님께서 그리스도의 보배로운 피에 부여하신 가치를, 그대로 이해하는 일은 무엇보다 중요하다. 성경의 모든 페이지마다, 상징과 모형과 사실을 통해서 기록된 가장 중요한 교훈은 바로 "피 흘림이 없은즉 사함이 없다"(히 9:22)는 것이다. 이에 대한 이유는 명백하다. 사람이 죄인이기 때문이다. 그래서 성경은 "모든 사람이 죄를 범하였으매 하나님의 영광에 이르지 못하더니"(롬 3:23)라고 선포하고 있고, 그 결과 죄인으로서 모든 사람은 죽음과 심판 아래 있으며 정죄 아래 있다(롬 5:12)고 선언하고 있다. 성경은 또한 이렇게 말한다. "육체의 생명은 피에 있음이라 내가 이 피를 너희에게 주어 단에 뿌려 너희의 생명을 위하여 속하게 하였나니 생명이 피에 있으므로 피가 죄를 속하느니라."(레 17:11) 따라서 사람은 죄인일 뿐만 아니라 사망의 형벌 아래 있다는 사실을 놓고 볼 때, 사람은 자신을 대신할 생명을 하나님께 내놓음으로써 피 흘리는 일이 없다면 결단코 심판을 피할 수가 없는 것이다. 자신을 심판으로부터 구원할 방법, 즉 누군가 자신을 대신해서 생명을 내놓고, 피를 흘릴 사람을 찾지 못한다면, 그 사람은 자신의 죄에 대한 심판을 자신이 감당할 수밖에 없다. 하나님은 분명 "범죄하는 그 영혼은 죽으리라"(겔 18:4)고 말씀하셨다. 이제 그리스도의 피는 죄인을 구원하는 하나님의 방법이다. 왜냐하면 그리스도의 피는 자신의 목숨을 하나님께 바치시고, 또 십자가에 달려 죽으심으로써 죄를 위한 속죄 제사를 드리신 것을 의미하기 때문이다. 그래서 주님은 친히 "인자가 온 것은 섬김을 받으려 함이 아니라 도리어 섬기려 하고 자기 목숨을 많은 사람의 대속물로 주려 함이니라"(마 20:28)고 말씀하신 것이다.

그리스도의 피가 가지고 있는 측면은 참으로 다양하다. 이 다양한 측면들을 충분히 살펴보게 되면, 우리는 하나님이 그리스도의 피에 대해서 매기신 그 귀함과 가치를 깨닫게 되고 또 우리에게 미치는 그 효력을 제대로 이해하게 될 것이고, 그 결과 우리는 말로 다 표현할 수 없는 그 귀함과 가치를 인해서 하나님께 무한히 감사하게 될 것이다.

그리스도의 위격의 중요성

이제 성경이 이 주제에 대해서 가르치고 있는 것을 하나하나 살펴보자. 한 가지 명심해둘 것이 있다. 그리스도께서 누구신가에 대한 이해가 없다면 그리스도의 피가 가진 가치를 제대로 평가하는 일에도 실패할 수밖에 없다는 것이다. 그 피의 효력을 전달하는 힘은 그리스도의 위격에 대한 진리를 아는데서 오기 때문이다. 그리스도께서 다만 사람일뿐이라면, 그리스도의 죽음은 모든 사람을 구원할 권세와 능력을 가질 수 없고, 마찬가지로 그리스도께서 다만 하나님이실 뿐이라면 그리스도는 죽으실 수가 없으셨을 것이다. 그렇다. 그리스도는 "하나님이면서 사람이신 분(very God and very Man)"이셨다. 그리스도께서는 흠 없는 사람으로서 자격을 갖추었기 때문에 자신을 죄를 위한 제물로 바치실 수 있었고, 신성한 신격을 가진 하나님이셨기에 그 이름을 믿는 모든 사람의 필요를 충족시킬 수 있는 보배로운 피에 효력을 더하실 수가 있으셨다. 이 사실을 잘 이해하게 되면, 그리스도의 피를 그분 자신과 동떨어진 것으로 생각할 수 없을 것이며, 또한 함께 갈 때에만 하나님 앞에서 효력을 발휘하게 된다. 그리스도의 피에 효력을 주는 것은 그리스도의 가치 때문인 것이다. 이런 이유 때문에 사도 바울은 "우리가 그리스도 안에서 … 그의 피로 말미암아 구속 곧 죄 사함을 받았으니"(엡 1:7)라고 말했다.

화목을 이룬 피

일반적으로 사람들은 구약시대 희생제사의 피가 흘려진 것은 하나님을 위해 온전히 쏟아 부어진 그리스도의 피를 예표하고 있다고 말한다. 우리가 앞으로 살펴볼 것이지만, 피는 신자에게 다양한 축복을 가져다주고 또 여러 가지 효력을 발휘한다. 하지만 무엇보다 이렇게 흘려진 피는 모든 사람 앞에서 죄인을 향한 하나님의 요구사항을 충족시키고 하나님의 영광을 공의롭게 나타내기 위해서 바쳐진 것이었다. 그렇다면 그리스도 피의 가치에 내포된 최우선적인 측면은 바로 화목(Propitiation)이다. 화목이 가진 의미와 진리는 속죄일에 속죄제의 피를 드렸던 아론의 행동을 통해서 설명될 수 있다. 성경은 "그는 또 수송아지의 피를 취하여 손가락으로 속죄소 동편에 뿌리고 또 손가락으로 그 피를 속죄소 앞에 일곱 번 뿌릴 것이며"라고 말한다. 마찬가지로 아론은 속죄제 염소를 잡아 그 피를 가지고 장 안에 들어가서 "그 피로 행하여 속죄소 위와 속죄소 앞에" 뿌렸다(레 16:14,15) 여기서 주목할 것은 피가 속죄소 앞에서 일곱 번 뿌려져야 했다는 것이다. 왜냐하면 사람들로 그것을 볼 수 있도록 하기 위한 것이었다. 사실 하나님은 한번 보시는 것으로 충분하다. 바로 여기에 해당되는 그리스도의 피에 대한 내용은 사도 바울의 선언을 통해서 확인할 수 있다. "그리스도 예수 안에 있는 구속으로 말미암아 하나님의 은혜로 값없이 의롭다 하심을 얻은 자 되었느니라 이 예수를 하나님이 그의 피로 인하여 믿음으로 말미암는 화목제물(a mercy-seat, 속죄소)로 세우셨으니"(롬 3:24,25) 그렇다면 속죄소에 피를 뿌리는 일이 완성되었단 말인가? 이 질문에 대답하려면, 광야에 있는 성막 안의 속죄소는 이스라엘 중에 계신 여호와의 보좌, 곧 하나님의 보좌라는 사실을 염두에 두어야만 한다. 그렇게 하나님은 그룹(케루빔) 사이에 좌정하신 분이셨다(시 80:1). 따라서 속죄소에 뿌려진 피는 죄인을 향한 하나님 보좌의 요구를 충족시켰던 것이다. 바로 그 피가 범죄한 죄인들에 대한 거룩하신 하나님의 모든 요구를 만족시켰다. (이제 우리는 그리스도의 피가 이 일을 한 것을 볼 수 있다.) 그렇게 흘려진 피는 하나님의 거룩한 통치를 정당화시켰고, 죄인인 사람에 대한 하나님의 공의로운 요구를 만족시켰을 뿐만 아니라, 하나님 성품의 모든 속성을 존귀하게 해드렸다. 게다가 하나님으로 하여금, 흘린 피의 가치를 믿고 하나님께 나아가는 모든 죄인들을 공의롭게 용서할 수 있는 근거를 마련해주었다. 이것이 바로 화목이다. 이제 화목이 이루어진 것이다. 그렇다면 화목은 하나님께서 온 세상을 은혜로 대할 수 있게 해주는 근거이며, 또한 그리스도의 대사들을 보내시고 그들을 통해서 세상 모든 사람들을 향해, 아무리 죄악되고 또한 극도로 죄가 많은 사람들에게까지도 "하나님과 화목하라"고 권할 수 있는 토대인 것이다(고후 5:20,21). 따라서 사도 요한도 그리스도에 대해서 "저는 우리 죄를 위한 화목제물이니 우리만 위할 뿐 아니요 온 세상의 죄를 위하심이라"(요일 2:2)고 말했다.

하나님의 모든 요구를 충족시키는 피

그러한 것이 하나님 앞에서 그리스도의 피가 가진 말할 수 없는 가치였다. 피는 범죄한 세상에 대한 하나님의 통치적 요구를 충족시켰고, 하나님은 죄 문제에 대해서, 게다가 우리가 우리의 죄와 반역으로 인해 공개적으로 하나님의 이름을 더럽혔던 곳에서 이제는 공개적으로 정당하실 뿐만 아니라 영광을 받으셨다. 우리는 하나님께서 자신의 놀라운 사랑 안에서 그러한 화목을 이루셨다는 사실을 잊지 말아야 한다. "사랑은 여기 있으니 우리가 하나님을 사랑한 것이 아니요 오직 하나님이 우리를 사랑하사 우리 죄를 위하여 화목제로 그 아들을 보내셨음이니라."(요일 4:10) 하나님의 거룩성이 요구하는 모든 것을 하나님의 사랑이 제공함으로써 화목이 이루어졌다. 따라서 하나님은 자신을 온 세상을 향해서, 은혜의 하나님으로 선언하실 수 있게 되었다. 이제 하나님은 구약시대처럼 속죄소 위에 그룹들 가운데 좌정하셔서, 그리스도의 피를 믿는 믿음을 가지고 자신에게 나아오는 모든 가련한 죄인을 영접해주시고, 용서하시고, 구원하신다.

은혜와 공의, 이 두 가지 모두를 통해서 죄인을 축복하시는 하나님

화목을 이루신 하나님은 은혜와 공의, 두 가지를 통해서 죄인을 축복하실 수 있게 되었다. 따라서 사도 바울은 "이제 우리가 그 피를 - 그리스도의 피를 - 인하여 의롭다 하심을 얻었은즉"(롬 5:9)이라고 말한다. 그리스도를 믿는 믿음을 통해서 하나님께 나아가는 모든 사람은 의롭다 하심을 얻는다. 이는 그리스도의 보혈의 공로를 통해서 하나님의 모든 요구가 충족되었을 뿐만 아니라 하나님의 거룩한 통치적 요구가 만족되었기 때문이다. 이 모든 요구들은 죄인이 지은 죄 때문에 부과된 것이며, 하나님의 엄위하신 진노에 속한 요구이며, 하나님의 영광에 속한 요구였다. 이 모든 요구들이 성취되었기에, 이제 하나님은 모든 믿는 영혼을 공의롭게 의롭다고 하실 수 있다. 로마서 3장은 바로 이 사실을 선명하게 설명하고 있다. "율법의 행위로" 하나님 앞에서 의롭다 함을 받을 육체가 없다는 것은 확정된 사실이다. 사람이 아무리 바르고 도덕적인 삶을 살고자 애쓰고 노력할지라도, 사람은 결코 거룩하신 하나님의 요구에 부응할 수 없다. 구원의 수단으로 행위를 의지하는 사람은 누구를 막론하고 절망에 빠지게 되고, 결국 잃어버린바 될 것이다. 사람은 자신을 구원할 수 없으며, 자신의 힘으로 구원에 이를 수 없다. 자신을 율법 아래 있는 자로 자처하고 율법을 지켜 의를 얻고자 노력할지라도, 결국 "율법으로는 죄를 깨달음이니라"(롬 3:20)이라는 절대적 진리에 부딪히게 될 것이다. 그렇다면 우리는, 사람이 절망적이고 또 범죄한 죄인의 상태에서 의롭게 될 수 있는 방법이 무엇인지 묻지 않을 수 없다. 그것은 바로 하나님의 의(義)이다. 따라서 성경은 이렇게 선언하고 있다. "이제는 율법 외에 하나님의 한 의가 나타났으니 율법과 선지자들에게 증거를 받은 것이라 곧 예수 그리스도를 믿음으로 말미암아 모든 믿는 자에게 미치는 하나님의 의니 차별이 없느니라 모든 사람이 죄를 범하였으매 하나님의 영광에 이르지 못하더니"(롬 3:21-23)

어떻게 하나님의 의를 소유하는가?

이제 물어야 할 질문은 이것이다. 어떻게 하나님의 의(義)를 소유할 수 있는가? 이 질문에 대한 대답은 여전히 로마서에 있다. 사도 바울은 계속해서 "그리스도 예수 안에 있는 구속으로 말미암아 하나님의 은혜로 값없이 의롭다 하심을 얻은 자 되었느니라 이 예수를 하나님이 그의 피로 인하여 믿음으로 말미암는 화목제물(속죄소)로 세우셨으니 … 곧 이 때에 자기의 의로우심을 나타내사 자기도 의로우시며 또한 예수 믿는 자를 의롭다 하려 하심이니라."(롬 3:24-26)고 말한다. 하나님이 정한 방법은 무엇인가? 그리스도의 피이다. 바로 그리스도의 피가 하나님의 의를 소유하게 해주는 토대이자 근거이다. 하나님 앞에서 화목을 이룬 피의 공로를 통해서 그리고 피의 가치를 따라서, 하나님은 자신도 의로우시며, 또한 자신의 본성에 완벽한 조화를 이루면서 "예수님을 믿는 모든 사람"을 공의로우면서도 합법적으로 의롭다고 하실 수 있게 되었다. 오직 이 방법만이 죄인을 의롭게 하는 일에 하나님의 거룩성과 완전한 일치를 이룬다. 그러므로 우리는 그리스도의 피를 통해서 또한 그리스도의 피의 공로에 의해서 의롭다 함을 얻은 자 되었다. 게다가 우리는 "그리스도 예수 안에 있는 구속으로 말미암아 하나님의 은혜로 값없이 의롭다 하심을 얻은 자 되었다." 이 일은 하나님께서 그 마음 중심에서 우러난 순수하고, 주권적이고, 복된 은혜를 통해서 된 일이다. 하나님은 그리스도의 보배로운 피를 죄를 속하는 속죄제사로 삼으시고, 죄들을 속죄하는 일에 합당하고 또 완전한 것으로 받으셨다. 이에 하나님은 심판자로서 자신의 자리에서 일어나, 죄인을 자신에게로 영접하고 안아 주실 수 있게 되었을 뿐만 아니라, 그 모든 죄들을 용서하시고, 그리스도의 피를 믿는 믿음을 행사하는 사람을 합법적으로 의롭다고 하실 수 있게 되셨다. 따라서 믿는 사람들만 의롭게 된다. 한 영혼이 피의 가치에 대한 하나님의 증거를 받아들이는 순간, 하나님께서 피에 부과하신 하나님의 평가를 받아들이는 순간, 피를 신뢰하고 하나님 앞에 나오는 순간, 그 영혼은 의롭게 되며 또한 하나님의 의(義)를 통해서 의롭다 함을 얻는다. 이것은 아브라함이 하나님을 믿었을 때, 이것을 그에게 의로 여기신 것과 같다(롬 4:3).

거룩하게 하는, 또는 성화시키는 피

뿐만 아니라 성경은 신자가 그리스도의 피로 거룩하게 되었다 (또는 성화되었다)고 가르친다. "그러므로 예수도 자기 피로써 백성을 거룩케 하려고 성문 밖에서 고난을 받으셨느니라."(히 13:12, 히브리서 10장 29절도 보라.) 이 두 개의 성경본문은 분명 특별한 적용을 요하긴 해도, 여전히 매우 보배로운 진리를 가르치고 있다. 이 두 개의 구절이 말하고 있는 성화는 (말씀을 통해서 성령님이 역사하신 결과로서 일어나는) 실제적인 성화나 점진적인 성화에 대한 것이 아니라, 다만 신자가 지상에 있는 하나님의 백성으로서 하나님께 따로 구별된 존재라는 사실을 나타내는 신분적인 성화를 가리킨다. 즉 그리스도의 피의 보호를 받고자 믿음으로 나아온 모든 사람은 세상에서 따로 구별되어 하나님께 바쳐진 사람인 것이다. 이처럼 신분적 성화는 아론과 그의 아들들이 제사장의 직분을 받기 위해서 성별되는 제사장 위임식을 통해서 잘 나타나 있다. 우리는 모세가 위임식 숫양의 피를 취하여 "아론의 오른 귓부리와 그 아들들의 오른 귓부리에 바르고 그 오른손 엄지와 오른발 엄지에 바르는"(출 29:20) 것을 볼 수 있다. 이로써 그들은 피의 완전함을 따라서 하나님을 위하여 듣고, 일하고, 행하도록 성별되었다. 이것은 오늘날 신자에게도 마찬가지이다. 이런 측면에서 피는 실제적으로 복을 받는 것보다는 특권과 책임을 나타내며, 그 피의 가치를 따라서 신자가 피의 보호를 받을 뿐만 아니라 하나님의 소유된 백성임을 표시하는 것이다.

이에 대한 또 다른 그림은 출애굽기 24장에서 볼 수 있다. 모세는 시내 산에서 주님과 맺은 언약을 백성들에게 읽어주면서, 화목제로 잡은 동물의 피 가운데 반은 단에 뿌리고, 나머지 반은 "백성에게 뿌려 가로되 이는 여호와께서 이 모든 말씀에 대하여 너희와 세우신 언약의 피니라"(8절)고 말했다. 이것은 한편, 히브리서에서 배도자를 향하여 "하물며 하나님 아들을 밟고 자기를 거룩하게 한 언약의 피를 부정한 것으로 여기고 은혜의 성령을 욕되게 하는 자의 당연히 받을 형벌이 얼마나 더 중하겠느냐 너희는 생각하라"(히 10:29)는 말씀에 대한 설명이 될 수 있다. 사람들에게 뿌린 피는, 율법을 어긴 것에 대한 형벌로서 죽음을 의미하면서, 동시에 순종할 의무를 부여해주었다. 이로써 그들은 성별될 수 있었다. (베드로전서 1장 2절과 비교해보라.) 따라서 하나님의 눈으로 보기에, 지상에 있는 하나님의 모든 백성들은 그리스도의 피 뿌림을 받은 사람들이며, 따라서 하나님을 섬기도록 따로 구별된 사람들인 것이다. 따라서 신자들은 피를 통해서 거룩하게 성별된, 즉 신분적으로 성화된 사람들이다.

죄에서 깨끗하게 하는 피

그리스도의 피의 또 다른 측면은, 피는 죄에서 깨끗하게 한다는 것이다. "그 아들 예수의 피가 우리를 모든 죄에서 깨끗하게 하실 것이요."(요일 1:7) 마찬가지로 사도 요한은 온 교회와 더불어 찬양의 소리를 높이며 "우리를 사랑하사 그의 피로 우리의 죄들에서 우리를 씻어주시고"(계 1:5)라고 외쳤다. 일반적으로 말해서, 죄 사함 또는 죄 용서가 그리스도의 피를 통해서 이루어지는 것이기에, 깨끗하게 되는 개념도 내포하고 있다. 그럼에도 분명 차이점은 있다. 우리가 지은 죄들은 하나님을 거역하는 것이므로, 죄를 용서하시되 완전히 용서하시는 것은 하나님에게서 일어나는 일이다. 하지만 자신의 죄에서 깨끗하게 되고, 하나님의 존전에 합당한 사람이 되는 것은 죄인에게서 일어나는 일이다. 이제 어떻게 깨끗함을 입을 수 있는지, 그 과정을 살펴보자.

앞에서 살펴보았지만, 하나님은 모든 신자를 그리스도의 피 뿌림을 받고, 그 가치 아래 보호를 받는 존재로 보신다. 제사장들이 성별되고 또 문둥병자가 깨끗하게 될 때, 피 뿌림을 통해서 깨끗하게 되는 일이 상징적으로 소개되었다. 두 경우 모두, 우선적으로 물로 씻음을 받았는데, 이것은 물(말씀)과 그 영으로 거듭나게 되는 것을 예표하고 있으며, 피 뿌림을 받은 것은 죄로부터 깨끗하게 되는 것을 상징하고 있다. 그리고 마지막으로, 기름을 바르는 것은, 성령으로 이 세대의 신자들에게 기름부음을 주신 것을 상징한다. 그렇다면 오늘날 신자들에게 실제로 피를 뿌리는 일이 필요치 않다는 것은 굳이 언급할 필요가 없을 것이다. 다만 그리스도를 믿고, 그분의 대속적(代贖的) 희생을 믿는 믿음만 있으면, 신자는 피의 깨끗하게 하는 효력을 자신에게 적용할 수 있다. 그러므로 신자의 죄는, 그야말로 하나님 앞에서 그리스도의 피가 가진 효력을 따라서 사함을 받는다.

이제 하나님은 피가 마음에 뿌려진 사람에게선 아무 죄도 보실 수 없으며, 하나님은 그 피가 모든 신자에게 뿌려진 것으로 보신다. 피는 그들이 지은 모든 죄를 깨끗하게 씻음으로써 이제 신자와 하나님 사이에 화목을 이루었다. 그러므로 그리스도의 피가 영혼에 적용됨으로써 발생하는 효과는, 모든 믿는 자에게 적용되는 효과는, 신자는 아무 흠도 점도 없는 상태에 있다는 것이다. 요한계시록의 언어를 빌려오자면, 신자는 "어린 양의 피에 그 옷을 씻어 희게"(계 7:14) 된 사람이다.

"참으로 보배로운 그리스도의 피로 희게 되었네.
아무 점도 흠도 없게 되었네."

그처럼 희게 되어서, 신자는 거룩하신 하나님께서 심장과 폐부를 감찰하시는 그 눈 앞에서 순결하고 아무 흠이 없는 상태가 되었다.

반복해서 적용될 필요가 없는 그리스도의 피

여기서 주목할 것은 성경은 그리스도의 피를 신자들에게 반복해서 적용하는 것으로 전혀 언급하고 있지 않다는 점이다. 한번 깨끗하게 되었다면, 그는 영원히 깨끗하게 된 것이다. 이 주제를 자세히 다루고 있는 성경본문은 히브리서 10장 1-14절이다. 그리스도의 속죄제사는 율법 아래서 반복적으로 제사를 드려야 했던 것과는 달리 영원한 효력을 가지고 있다. 따라서 한번 흘려지고 또 하나님 앞에서 바쳐진 그리스도의 피는 우리 영혼을 위하여 그 효력이 영원하다. 따라서 죄 문제로는 더 이상 신자를 송사(訟事)할 수 없다.

> "비록 원수는 끊임없이 송사하고,
> 홍수처럼 죄들이 쏟아지지만,
> 그리스도의 피로 영원 속죄하셨기에
> 하나님은 그 모든 송사를 거절하신다."

아, 안타까운 일지만, 신자가 된 이후에도 죄를 지을 수 있으며 죄로 오염되는 일이 있을 수가 있다! 하지만 그 보배로운 피의 공로 덕분에, 신자를 보호하는 피의 가치 때문에 다시 유죄상태에 떨어지지 않는다. 하지만 신자가 자신을 성찰하는 일을 게을리 하고 또 자신의 죄를 자백하지 않는다면, 하나님은 그를 징계하신다. 왜냐하면 하나님은 자신의 백성들을 너무도 사랑하시기 때문에, 그들이 계속 죄짓는 것을 허락하지 않으시기 때문이다. 하나님은 은혜 안에서, 이렇게 더럽혀진 것들을 물로 씻어 말씀으로 깨끗하게 하는 방안을 마련하셨다(엡 5장, 요 13장 참조). 진실로 이 일은 우리에게 필요한 일이며, 결코 잊어서는 안되는 것이다. 그럼에도 우리가 한순간도 놓쳐서는 안되는 보배롭고 중대한 진리가 있다. 바로 한번 그리스도의 보배로운 피로 깨끗함을 받은 사람은 단번에 영원히 깨끗해진 사람이며, 빛 가운데서 성도의 기업에 합당하게 된 사람이며, 영원토록 하나님의 존전에 합당하게 된 사람이라는 것이다.

단번에 정결케 되어 다시 죄를 깨닫는 일이 없게 된 양심

깨끗하게 하는 피의 효력이 영혼에 미치는 효력 가운데 약간 다른 측면이 있다. 그것은 양심이 "단번에 정결케 되어 다시 죄를 깨닫는 일이 없게 되는 것"(히 10:2)이다. 이 둘 사이의 차이점은 다음과 같이 설명할 수 있다. 내가 지은 죄들 때문에 유죄상태에 있는 나를 깨끗하게 하는 피의 효력은 하나님 앞에서 설 수 있도록 나를 합당한 상태로 만들어준다. 나의 양심을 정결하게 하는 피의 효력은 하나님의 임재 가운데서 나를 행복한 상태로 만들어준다. 히브리서에는 정결케 된 양심에 대해서 다양하게 언급하고 있다. 히브리서 기자는 "염소와 황소의 피와 및 암송아지의 재로 부정한 자에게 뿌려 그 육체를 정결케 하여 거룩케 하거든 하물며 영원하신 성령으로 말미암아 흠 없는 자기를 하나님께 드린 그리스도의 피가 어찌 너희 양심으로 죽은 행실에서 깨끗하게 하고 살아 계신 하나님을 섬기게 못하겠느뇨?"(히 9:13,14)라고 말했다. 또한 옛 경륜에 속한 예배자들과 현재 세대에 속한 예배자들을 대조하면서, 히브리서 기자는 "그렇지 아니하면 섬기는 자들이 단번에 정결케 되어 다시 죄를 깨닫는 일이 없으리니 어찌 드리는 일을 그치지 아니하였으리요"(히 10:2)라고 말했다. 그리스도인들은 단번에 정결케 되어 다시 죄를 깨닫는 일이 없는 상태에 항상 있는 반면, 유대인들은 결코 그럴 수 없었다. 그리고 나서 그는 "우리가 마음에 뿌림을 받아 양심의 악을 깨닫고 몸을 맑은 물로 씻었으니 참 마음과 온전한 믿음으로 하나님께 나아가자"(히 10:22)라고 말했다.

두 가지 질문

이 진리가 가진 위력을 파악하려면 두 가지 질문을 해볼 필요가 있다. 첫 번째, 정결케 된 양심을 갖고 더 이상 죄를 깨닫는 일이 없게 된다는 것이 무엇인가? 그리고 두 번째, 어떻게 그것이 가능한가? 이다. 우리의 양심이 정결케 되는 것은 우리가 지은 모든 죄들이 하나님 앞에서 영원히 제거되었음을 알 때 이루어진다. 그리스도는 십자가에서 우리의 모든 죄들을 담당해주셨고, 이제 하나님의 우편에 앉아 계신다. 따라서 우리가 지은 죄들의 문제는 다시는 언급될 수 없게 되었다. 그 결과 우리는 의식적으로 우리가 점도 흠도 없는 상태에 들어왔음을 알고, 하나님의 존전에서 행복감을 맛볼 수 있게 되며, 하나님이 빛 가운데 계신 것같이 우리도 빛 가운데 들어와 있음을 확신할 수 있게 된 것이다.

어떤 사람은 이 사실을 이렇게 표현했다.
"죄들 뿐만 아니라 양심까지도 정결하게 되었기 때문에, 우리는 완전한 자유와 기쁨 가운데 하나님께 나아갈 수 있게 되었고, 우리를 사랑하시는 그분 앞에 당당히 설 수 있게 되었다."

어쩌면 이것은 너무 단순하게 표현한 것인지 모른다. 하지만 이것은 사실이다. 우리는 이제 이처럼 정결하게 된 양심을 가지게 되었지만, 여전히 우리 속에는 죄가 내주하고 있다는 사실을 잊지 말아야 한다. 그럼에도 정결하게 된 양심과 내주하는 죄는 서로 모순되거나 충돌을 일으키지 않는다는 것 또한 사실이다. 우리는 이것을 주님이 오실 때까지 혹은 죽을 때까지 가지고 갈 것이다. 하지만 우리가 그리스도의 보배로운 피의 영구적인 효력 속으로 들어가게 되면, 우리는 완전한 양심을 지속적으로 누릴 것이며, 만일 우리가 그리스도께서 한 제물로 거룩하게 된 자들을 영원히 온전케 하셨다는 진리를 제대로 이해했다면, 더 이상 죄들을 깨닫는 일도 없을 것이다. 독자들은 다음 두 가지 사안을 결코 혼동하지 말아야 한다. 첫 번째, 유죄상태에 있는 범죄한 죄인이었던 우리는 그리스도의 피를 통해서 영원히 깨끗하게 되었다. 두 번째, 우리 속에는 여전히 악한 본성이 있기 때문에, 우리 속에서 운동력 있게 역사하는 죄(sin)를 인지할 수밖에 없다. 그럼에도 우리는 마음의 화평을 누릴 수 있다. 이 두 가지는 전적으로 다른 사안이기 때문이다.

이제 경이로운 은혜로 말미암아 하나님께서 이에 대한 대책을 마련하신 것을 살펴보자. 즉 죄를 위하여 단번에 드려진 그리스도의 영원한 제사를 통해서, 우리는 우리 속에 악한 본성이 함께 있다는 사실에도 불구하고, 하나님의 임재 속에서 항상 행복감을 누릴 수 있을 뿐만 아니라, 우리가 짓는 죄들 때문에 더 이상 하나님의 얼굴과 우리 영혼 사이를 가릴 수 있는 구름이 더 이상 없도록 하셨다는 완전한 확신을 가질 수 있게 되었다. 우리는 악한 양심에 피 뿌림을 받아 정결하게 된 마음을 가지게 되었고, 이것은 단번에 영원히 이루어진 일이다. 따라서 이러한 피 뿌림은 그리스도께서 자신의 영광의 자리를 떠나 세상에 오셔서 또 다시 십자가에 달려 돌아가시는 것이 반복될 수 없는 것처럼, 결코 반복될 수 없는 것이다.

그렇다면 이처럼 정결한 양심은 어떻게 얻을 수 있을까? 그에 대한 대답은, "그리스도의 피의 가치에 대한 하나님의 증거를 단순하게 받아들임으로써 얻는다"는 것이다. 따라서 히브리서 10장의 전반부는 이 사실에 대한 근거를 하나님의 뜻, 그리스도의 사역, 그리고 성령의 증거 등으로 제시하고 있다. 하나님 백성들의 죄와 불법은 더 이상 기억되지 않을 것이다. 왜냐하면 그 모든 것들은 그리스도의 한 번의 제사로 영원히 제거되었기 때문이다. 히브리서 10장을 읽고, 하나님이 증거하신 것을 마음으로 믿는 사람은 누구나, 정결하게 된 양심을 소유하는 복을 누릴 수 있다. 그러한 복을 받은 사람은 이렇게 찬송할 수 있다.

"하늘에 계신 하나님의 자비는 얼마나 놀라운가!
모든 범죄를 사하시고, 모든 죄들을 깨끗하게 하셨도다.
나의 구주의 피로 나의 양심과 마음은
점과 흠도 없이 정결하게 되었도다."

어쩌면 독자께서는 "이처럼 소중한 진리를 아는 사람이 어찌 그리 적은 것입니까?"라고 질문하고 싶을지 모른다. 그것은 거의 대부분 기독교계가 이러한 진리를 무시하고 있거나, 아니면 반대하고 있기 때문일 것이다. 그 결과, 영혼들은 하나님의 사랑을 누리고 기뻐하기 보다는, 경험상 하나님에게서 멀리 떠나 있는 상태에서 율법의 종노릇하고 있다. 더 이상 사람의 견해나 생각에 귀 기울이지 말고, 순전한 하나님의 말씀을 펴서 읽으라. 그리하면 그리스도께서 단번에 드리신 제사가 가진 영원한 효력에 대한 하나님의 증거 앞에 엎드려 하나님께 감사를 올리게 될 것이다.

하나님의 임재 속으로 나아가는 일을 가능케 해주는 피

이처럼 복된 진리와 연결되어 있고, 이 진리에서 파생되어 나오는 또 다른 진리가 있다. 그것은 하나님의 임재 속으로 나아가는 것은 그리스도의 피를 통해서 가능하다는 것이다. 우리는 신자들의 죄들이 단번에 영원히 제거되었다는 성경의 설명을 보자마자, "그러므로 형제들아 우리가 예수의 피를 힘입어 성소에 들어갈 담력을 얻었나니"(히 10:19)라는 성경의 진술을 보게 된다. 히브리서 9장에서 우리는 그리스도께서 "오직 자기 피로 영원한 속죄를 이루사 단번에 성소에 들어가셨다"(히 9:12)는 사실을 배웠다. 그러므로 하나님의 우편에 있는 그리스도의 자리는 그리스도의 제사가 가진 효력을 상징하는 자리이다. 그리스도는 우리가 지은 죄들 때문에 죽음을 당하셔야만 했다. 그리고 친히 나무에 달려 그 몸으로 그 모든 죄들을 담당하셨다. 이제 그리스도께서 하나님의 존전에 계신다면, 그것은 그리스도께서 완전한 속죄를 이루셨다는 명백한 증거인 것이다. 만일 우리의 죄들이 제거된 것이 아니라면, 그리스도께서는 하나님 영광의 자리에 앉으실 수가 없기 때문이다. 그리스도께서 우리를 대신해서 하늘에 있는 성소에 들어가신 것은 그 피의 공로에 따른 것이었다. 이 사실은 우리가 어떻게 예수님의 피를 힘입어 지성소에 들어갈 담대함을 가질 수 있는지를 이해하는데 우리에게 도움을 준다. 깨끗하게 되었고, 눈보다 희게 된 우리는 죄에 대한 모든 문제가 완전히 해결되었음을 알기 때문에 더 이상 죄들을 깨닫는 일이 없을 뿐만 아니라 언제라도 하나님 앞에 나아갈 수 있는 자격을 얻었다. 그처럼 큰 복에서 흘러나오는 사랑과 은혜를 풍성하게 인식하면서, 우리는 담대함을 가지고 또한 거룩한 자유와 기쁨을 느끼면서 찢어진 휘장 안으로 들어갈 수 있다. 우리는 아무 의심이나 두려움 없이 하나님의 보좌에서 뿜어져 나오는 거룩성의 광채 속에 서 있을 수 있을 뿐만 아니라, 하나님의 임재 속으로 들어갈 수 있는 길을 열어준 그처럼 경이로운 그리스도의 죽음을 묵상하면서 우리 마음은 참으로 복스러운 안도감을 느끼며 또한 하나님 앞에 엎드려 감사와 경배와 찬송을 올릴 수 있다.

우리는 예수님의 피를 힘입어 지성소에 들어갈 담대함을 가지고 있으며, 하나님은 바로 지성소에서 우리를 만나주신다. 우리가 하나님의 존전 앞에 있는 것이 하나님 마음의 기쁨이다. 바로 이 자리가 우리가 예배를 드릴 수 있는 유일한 자리이다. 이것이 아닌 다른 것으로 만족해서는 안된다. 그리스도의 보배로운 피의 효력을 제한시키는 그 어떠한 가르침도 거절하는 것이 하나님의 영광을 위하는 길이다. 이제 지성소에 들어갈 수 있는 특권은 더 이상 선택받은 소수의 사람들만이 가진 전유물이 아니다. 이 특권은 예외 없이 모든 신자들에게 속한 것이다. "그러므로 형제들아 우리가 예수의 피를 힘입어 지성소에 들어갈 담력을 얻었나니"(히 10:19) 여기서 "형제들아"라고 부른 것은 하나님의 모든 백성을 가리킨다. 그러므로 우리는 어떠한 경우에도 이 진리를 잃어버려선 안된다. 일단 인간 성직자제도가 들어오게 되면, 이 진리는 점차 힘을 잃을 수밖에 없다. 우리는 하나님의 모든 성도들에게 속한 이 거룩한 특권을 잃지 않도록 싸워야 한다. 속죄제사의 효력을 포함해서 기독교의 전체 진리는 이것과 밀접한 관계가 있다. 지극히 작은 정도라도 포기하게 되면 유대교로 전락하게 된다. 이 진리를 보존하려면, 그리스도의 보배로운 피의 가치와 단번에 영원히 드려진 제사의 영원한 효력을 주장해야 한다.

구속을 이룬 피

우리는 그리스도의 피로 구속을 받았다. 이 사실은 시속적으로 하나님의 말씀 속에 진술되어 있다. "그리스도 안에서 그의 은혜의 풍성함을 따라 **그의 피로 말미암아 구속 곧 죄 사함을 받았으니**"(엡 1:7) 그리고 베드로는 "너희가 알거니와 너희 조상의 유전한 망령된 행실에서 구속된 것은 은이나 금같이 없어질 것으로 한 것이 아니요 오직 흠 없고 점 없는 어린 양 같은 **그리스도의 보배로운 피로 한 것이니라.**"(벧전 1:19,20)고 말한다. 주님께서도 친히 이 진리를 천명하셨다. "인자가 온 것은 섬김을 받으려 함이 아니라 도리어 섬기려 하고 **자기 목숨을 많은 사람의 대속물로** 주려 함이니라."(마 20:28) 여기서 대속물이라 함은 구속을 위해서 지불된 값을 가리킨다. 일반적으로 구속이란 말은 되 사오는 것을 의미하며, 구속의 결과로 종살이 혹은 노예상태에서 구출 받게 된다. 그렇다면 구속은 우리에게 완전히 변화된 상태를 가져다주며, 그에 따라서 우리는 과거 우리가 처해 있던 상태를 뒤돌아보면서, 그리스도의 보배로운 피를 통해서 준비된 은혜로 말미암아 새로운 상태에 들어가게 된다. 이 진리는 이스라엘 백성들이 애굽에서 구속을 받은 이야기 속에 잘 소개되어 있다. 이스라엘 백성들은 바로의 압제 아래 있었다. 그들의 삶은 고역으로 인해서 괴로움 자체였다. 이것은 거듭나기 이전 모든 인간의 자연적인 상태를 상징적으로 보여준다. 하지만 하나님께서 자기 백성들을 위해서 개입하셨고, 애굽 땅을 재앙에 재앙으로 치셨다. 마지막 심판은 애굽 땅에 있는 사람이나 짐승이나 모든 처음 난 것에 내려졌다. 죄의 문제가 있었기 때문에 이스라엘 백성들도 애굽 사람과 마찬가지로 심판을 받아야 했다. 그렇다면 어떻게 하나님은 애굽 사람들을 치는 동안 자기 백성들을 합법적으로 보호할 수 있었을까? 그에 대한 대답은 그리스도의 피를 상징하고 있는 어린양의 피에 있으며, 이 피는 하나님의 명령에 의해서 이스라엘 집에 뿌리도록 하셨다. "내가 그 밤에 애굽 땅에 두루 다니며 사람과 짐승을 무론하고 애굽 나라 가운데 처음 난 것을 다 치고 애굽의 모든 신에게 벌을 내리리라 나는 여호와로라 내가 애굽 땅을 칠 때에 그 피가 너희의 거하는 집에 있어서 너희를 위하여 표적이 될지라 **내가 피를 볼 때에 너희를 넘어가리니** 재앙이 너희에게 내려 멸하지 아니하리라."(출 12:12,13)

하지만 이것이 전부가 아니다. 이 기념비적인 밤에 심판에서 그들을 보호해주었던 피는 모든 것의 근거가 되었다. 그들의 죄로 인해서 자기 백성들을 대적했던 하나님은 이 일이 있은 후로는, 피로 인해서 그들을 위하여 일하시는 분이 되셨다. 그러므로 하나님은 그들을 강한 손과 편 팔로 애굽에서 인도하여 내셨다. 애굽 사람들이 자신을 추격하는 것을 보고 두려워 떨 때에, 하나님은 모세를 통해서 "너희는 두려워 말고 가만히 서서 여호와께서 오늘날 너희를 위하여 행하시는 구원을 보라"(출 14:13)고 외치도록 했다. 하나님은 홍해를 가르시고, 바다 물로 좌우에 벽이 되게 하심으로써 자기 백성들을 안전하게 건너가도록 하셨지만,

바로와 그의 군대는 그 바닷물에 몰살을 당하도록 하셨다. 홍해를 건넘으로써 그들은 구속을 받았고, 그 피가 모든 것의 토대였다. 그들은 애굽에서 구속을 받았고, 사망과 심판으로부터 구속을 받았고, 사탄의 권세로부터 구속을 받았다. 홍해를 건넌 후 그 반대편에 서서 그들은 처음으로 구속의 노래를 불렀으며, 나그네와 순례자로서 또한 하나님의 구속을 받은 군대로서 광야를 통과하는 여정을 시작했다. 최종적으로 그들은 요단을 건너 약속된 땅으로 들어가게 될 것이다.

마찬가지로 신자들은 구속을 받았다. 이스라엘 백성들처럼 우리도 전에는 종노릇하고 있었다. "죄의 종"(롬 6:17)이었고, 이 세상 신이 마음을 혼미케 한 상태에서 그 권세 아래 있었고(고후 4:4), 그 의지가 마귀의 올무에 묶여 있었다(딤후 2:26). 이러한 상태에 있을 때, 인자께서는 신자들을 위하여 자신의 목숨을 대속물로 주었고, 자신의 피를 구속하는 값으로 흘리셨다. 이제 우리는 "오직 자기 피로 영원한 속죄를 이루셨다"(히 9:12)는 성경의 선언을 볼 수 있다. 은은 구약시대에 구속의 값으로 사용되었고(출 30:1-16), 가끔 금을 대신해서 사용하기도 했다(민 31:48-54). 은과 금, 모두 매우 귀한 금속이었는데, 이는 영혼의 구속이 얼마나 귀한 일인가를 상징적으로 말해준다. 즉 영혼의 구속은 값을 따질 수 없는 것이었다. "자기의 재물을 의지하고 풍부함으로 자긍하는 자는 아무도 결코 그 형제를 구속하지 못하며 저를 위하여 하나님께 속전을 바치지도 못할 것은 저희 생명의 구속이 너무 귀하며 영영히 못할 것임이라 저로 영존하여 썩음을 보지 않게 못하리라."(시 49:6-9) 바로 이러한 사실 때문에 베드로는 은과 금을 통해서 되는 구속과 그리스도의 보배로운 피를 통해서 되는 구속을 대조시켰다(벧전 1:18,19). 모든 신자를 위한 구속을 확고히 보장하려면 얼마나 귀해야 하는 것일까? 너무 귀해서 이 세상의 유한한 것으로는 결코 그 값을 매길 수 없다. 오직 하나님만이 그러한 속전을 준비하실 수 있다. 왜냐하면 하나님만이 자기 백성들을 구속하는데 필요한 것이 무엇인지를 아시기 때문이다. 그렇다면 우리 영혼은, 그리스도의 피가 가진 말로 다 할 수 없는 가치를 생각하면서, 영원 속죄를 위해서 어린양을 주신 하나님께 감사한 마음을 가지면서, 영원하신 성령으로 말미암아 자신을 하나님께 드리신 그리스도를 묵상하면서, 찬양과 경배의 영으로 가득해야 하지 않겠는가?

우리가 구속을 받은 것은 그리스도의 피를 통해서 된 것이다. 그렇다면 무엇이 우리에게 구속을 확고히 해주는가? 하고 질문할 수 있을 것이다. 우리는 이미 애굽에서 나왔고, 세상에서 죄인으로 살던 상태에서 벗어났다. 우리는 홍해를 건넘으로써, 그리스도의 죽음과 부활 안에서 죽음과 심판을 통과했고, 사탄의 권세에서 해방되었다. 그리고 그리스도 안에서 우리의 죽음과 부활이 이루어졌다. 그렇다면 우리 영혼은 지금 구속함을 받은 것이다. 이제 우리는 앞에 있는 복을 기다리고 있다. 우리는 안전하게 광야를 통과할 것이다. 최종적인 구속 곧 우리 몸의 구속은 피로써 보장되었으며, 장차 우리는 능력에 의해서 우리 몸의 부활 또는 몸의 변화를 경험하게 될 것이며, 주의 재림의 날에 우리의 복되신 주님과 같은 영광스러운 몸으로 변화될 것이다. 왜냐하면 주께서 자기의 목숨을 우리를 위한 속전으로 주실 때, 주님은 우리에 대한 모든 권리를 획득하셨기 때문이다. 주님은 우리를 절대적인 자신의 소유로 삼으셨고, 그 자신의 피 값으로 우리를 사셨다(고전 5:19,20). 주님이 소유하신 권리의 측면에서 볼 때, 주님은 우리 구원의 총체적인 역사를 시작하셨고, 계속해서 일하시고 계시며, 그리고 마침내 완성하실 것이다. 주님은 자신이 들어간 자리에 우리를 인도하실 때까지, 우리가 자신의 형상을 본받을 때까지, 그리고 영원히 자기와 함께 할 때까지 결코 쉬는 법이 없으실 것이다. 이것이 바로 그리스도의 보배로운 피가 가진 무한한 가치를 통해서 우리를 위해 확보해 놓으신 구속의 총체적인 역사이다.

새 언약을 체결하고 비준한 피

새 언약은 그리스도의 피를 통해서 체결되었고 비준되었다. 주님은 제자들에게 유월절 잔을 주시면서 이렇게 말씀하셨다. "이것은 죄 사함을 얻게 하려고 많은 사람을 위하여 흘리는 바

나의 피 곧 새 언약의 피니라."(마 26:28, KJV) 게다가 우리는 히브리서에서 "영원한 언약의 피"(히 13:20)를 볼 수 있다. 이러한 성경표현들이 가진 힘은 구약성경의 구절을 참고할 때, 제대로 이해할 수 있을 것이다. 모세는 피를 취하여 백성들에게 뿌리며 "이는 여호와께서 이 모든 말씀에 대하여 너희와 세우신 언약의 피니라"(출 24:6-8, 히 9:18-20 참조)고 말했다. 하나님은 시내 산에서 동물의 피를 가지고 이스라엘 백성들과 맺은 언약을 확증하셨지만, 이제 하나님은 그리스도의 피를 가지고 새 언약을 세우시며, 변경할 수 없는 것으로 확정하셨다. 그리스도의 피를 가지고 새 언약을 확정하심으로써 하나님은 그 영원성과 변하지 않는 속성을 선언하셨을 뿐만 아니라, 이로써 자기 백성들에게 값을 매길 수 없는 새 언약에 속한 복된 특징을 부여하셨다. 하나님께서 자기 성도들에게 확신을 주기 위해서 든든히 놓으신 토대가 얼마나 견고한 것인지를 생각해보라! 구약시대에 하나님은 자기 백성들에게 자신의 말씀과 약속의 확실성 안에 쉼을 얻도록 자주 격려하셨다. 히브리서를 쓰고 있는 사도는 변경될 수 없는 두 가지 사실을 강조하면서, 하나님의 맹세와 하나님의 약속에 대해서 "하나님이 거짓말을 하실 수 없다는 것"과 그래서 "그 사실을 인하여 앞에 있는 소망을 얻으려고 피하여 가는 사람들에게 큰 안위를 받게 하신 것"을 이야기했다(히 6:17, 18). 이에 대한 확실성을 보장하는 뜻에서 하나님은 예수 그리스도, 자신의 아들의 피를 가지고 자신의 진실함을 인치셨다.

이처럼 새 언약의 성취를 통해서, 이스라엘 민족이 미래에 받게 될 복의 소망이 비준될 수 있었다. 시내 산에서 그들은 약속된 복을 얻고자 순종의 맹세를 너무 쉽게 했다. 하지만 그들은 실패했고, 모든 것을 잃어버렸다. 하지만 자신의 목적을 이루고자 은혜 가운데 일해오신 하나님은, 그리스도의 피의 공로를 통해서, 자신이 약속하신 모든 것을 누릴 수 있도록 이스라엘 민족을 곧 인도하실 것이다. 그처럼 새 언약은 이루어졌다. 이 새 언약은 오늘날 신자들과 맺은 것이 아니라 이스라엘 민족과 맺은 것이다. 하지만 그 모든 신령한 복은 성령을 통해서 우리에게 주어졌다. 따라서 사도 바울과 그 동역자들은 자신들을 "새 언약의 능력 있는 일꾼"(고후 4:6)으로 불렀다.

어떤 사람은 이렇게 말했다.
"따라서 바울의 사역 가운데 새 언약에 해당되는 것은, 새 언약이 (이스라엘 민족에게) 시행되기 이전에, 교회에 현재적으로 적용되는 부분인 것이다. 즉 높은 곳에서 영광을 받으신 그리스도에게서 뿜어져 나오는 영광의 광채와 측량할 수 없고 끝도 없는 영광을 통해서 선물로 주어지는 성령과 하나님의 의(義)가 교회에 적용되는 새 언약의 부분인 것이다. 이제 성령의 임재를 통해서 주어진 자유와 예수 그리스도의 얼굴에 있는 하나님의 영광을 아는 빛이 우리 마음에 비춤으로써 제거된 수건 때문에, 우리가 그리스도를 바라보게 되면 그 동일한 영으로 말미암아 실제적으로 그리스도의 형상으로 변화를 입어 영광으로 영광에 이르게 된다. 이제 우리에게서 더 높은 도덕성과 영성이 나타나게 되며, 그렇다면 지상에 있는 성도들 가운데서 영광을 받으신 그리스도께서 재생산될 것이다. 다시 말해서, 이것은 하나님 앞에서 영광 가운데 있는 우리의 신분을 그저 아는 것으로 되는 것이 아니라, 이 세상에서 성령의 역사로 그 영광스러운 신분에 우리의 상태를 일치시키는 것으로 된다."

우리는 지금 이처럼 신령한 복들을 누린다. 이 신령한 복은 이스라엘 민족에게 약속된 것보다 더 수준 높은 특징을 가지고 있다. 미래의 어느 날 하나님은 이스라엘 민족에게 말씀에 기록된 모든 복을 누리게 하실 것이다. 그렇다면 우리나 그들이나 모두가 그리스도의 보배로운 피의 은혜를 덧입고 있는 것이다.

양의 큰 목자이신 그리스도의 부활을 가능케 한 피

이런 이유 때문에, 양의 큰 목자이신 그리스도의 부활은 영원한 언약의 피로 말미암아 이루어진 것이었다(히 12:20). 사실 이것은 피의 가치에 대한 하나님의 공적인 증언인 셈이다. 하나님은 그리스도의 죽음의 결과로 흘려진 피를, 죄를 위한 완전하고, 적절하고, 영원한 속죄를 이룬 것으로 선언하셨다. 그래서 하나님은 "더 나은 언약"의 중보자를 죽은 자 가운데서 살리셨고, 이로써 그 모든 목적이 성취되도록 하셨다. 따라서 큰 목자로서 그리스도는 친히 유대인들에게 "또 이 우리에 들지 아니한 다른 양들이 내게 있어 내가 인도하여야 할 터이니 저희도 내 음성을 듣고 한 무리가 되어 한 목자에게 있으리라"(요 10:16)고 말씀하신 대로 모든 땅에서 양들을 찾고 모으실 것이다. 따라서 자기 피로써 인친 새 언약은 그리스도의 부활을 통해서 인증되었다. 피의 가치가 모든 것을 보장하며, 최종적으로 그 언약의 총체적이고 완전한 성취를 보증하는 것이다.

만물과 화해를 이룬 피

그리스도의 피가 가진 또 다른 효력은 화목제물(propitiation)의 내용과 유사하다. 하지만 이제 소개하고자 하는 또 다른 효력은 만물의 화해(reconciliation)와 연결되어 있다. 우리는 "그의 십자가의 피로 화평(peace)을 이루사 만물 곧 땅에 있는 것들이나 하늘에 있는 것들을 그로 말미암아 자기와 화목(reconcile)케 되기를 기뻐하심이라 전에 악한 행실로 멀리 떠나 마음으로 원수가 되었던 너희를"(골 1:20,21)이라는 구절을 볼 수 있다. 따라서 화평(peace)이 이루어졌는데, 조심스럽게 구분해야 할 것은, 이 화평은 로마서 5장 1절에서 말하고 있는 믿음으로 의롭다 함을 받은 사람이 하나님과의 관계에서 누리는 화평은 아니라는 점이다. 골로새서가 말하는 화평은, 그리스도의 피를 통해서 하나님의 거룩한 통치의 주장이 만족됨으로써 이루어진 하나님의 보좌의 화평인 것이다. 화목제물의 경우(롬 3:25, 요일 2:2, 4:10) 하나님은 피를 믿는 믿음으로 자기에게 나아오는 모든 사람을 합법적으로 영접하실 수 있으신 것처럼, 이 화평의 근거 하에서 하나님은 땅에 있는 것들과 하늘에 있는 것들과 자신과의 관계를 바로 잡고, 다시 조화로운 관계를 설정하실 수 있게 된 것이다. 이 화평은 사람과의 화평이 아니라 창조된 만물과의 화평이다. 만물도 성도들과 마찬가지로 화해의 복에 참여하게 될 것이다.

어떤 사람은 이러한 화해에 대해서 이렇게 말했다.
"이 (만물과의) 화해(reconciliation)는 아직 이루어지지 않았다. 화평(peace)은 이루어졌지만, 피의 가치를 따라서 만물을 하나님과의 실제적인 화해 속으로 들어가게 해주는 능력은 아직 임하지 않았다."

따라서 우리는 이것이 이루어지기를 기다리고 있다. 그럼에도 피는 흘려졌고, 그 피의 가치를 아시는 하나님께서는 화평(peace)이 이루어졌다고 선언하신다. 신자들은 이미 화목되었다. 그래서 성경은 "이제는 그의 육체의 죽음으로 (그리스도의 죽음으로) 말미암아 화목케 하셨다."(골 1:22)고 말한다. 하지만 만물과의 화목은 새 하늘과 새 땅이 임한 후에야 이루어질 것이다. 주 예수님께서 자신의 권세를 행사하시고, 바다에서부터 바다까지와 강에서부터 땅 끝까지 다스리실 때, "피조물도 썩어짐의 종노릇 한 데서 해방되어 하나님의 자녀들의 영광의 자유에 이르게 되는 것"(롬 8:21)은 그리스도 십자가의 피의 공로 때문인 것이다. 하지만 그리스도의 통치가 영광스럽게 나타나고, 모든 피조물이 복을 누리는 시기에도, 여전히 악이 존재할 것이며, 마침내 천년왕국의 끝에 사탄을 따르는 무리들이 폭발적으로 일어나게 될 것이다. 이 일 때문에, 이 땅과 사람에 대한 하나님의 모든 섭리가 심판으로 막을 내리게 될 것이다. 하지만 이어서 전혀 새로운 장면이 펼쳐지게 되는데, 하나님께서 창조하실 수 있는 가장 완전한 모습의 영원한 천국이 시작되는 것이다. 그곳은 의(義)가 세세토록 거하는 곳이며, 하나님께서 "모든 눈물을 그 눈에서 씻기시매 다시 사망이 없고 애통하는 것이나 곡하는 것이나 아픈 것이 다시 있지 아니하는 곳이다. 왜냐하면 처음 것들이 다 지나갔기 때문이다."(계 21:4) 바로 여기서 우리는 만물이 화목을 이루고, 그리스도의 보배로운 피가 가진 효력이 완전하고도 충만하게 나타나는 것을 볼 수 있다. 왜냐하면 모든 것, 곧 만물이 새롭게 되었고, 하나님이 만유의 주로서 만유 안에 계시기 때문이다.

결론 : 하나님 자신의 생각과 사랑의 계획을 성취하는 하나님의 방법으로서 그리스도의 피

우리는 지금까지 그리스도의 피가 가진 다양한 효력들에 대해서 살펴보았다. 이 모든 측면을 다 살펴보려면 지면이 부족할 것이다. 이방 신자들인 우리는 그리스도의 피로 가까워졌다. "이제는 전에 멀리 있던 너희가 그리스도 예수 안에서 그리스도의 피로 가까워졌느니라."(엡 2:13) 성경은 교회에 대해서 "하나님이 자기 피로 사신 교회"(행 20:28)라고 말하고 있다. 엄밀한 의미에서 "그리스도의 피로 사신 교회"로 번역하는 것이 더 좋았을 것이다. (교회가 휴거된 이후) 대환난기에 있는 성도들은 "어린 양의 피에 그 옷을 씻어 희게"(계 7:14) 할 것이다. 하지만 지금 우리는 그 보배로운 피를 통해서 구속을 받을 수 있다. "새 노래를 노래하여 가로되 책을 가지시고 그 인봉을 떼기에 합당하시도다 일찍 죽임을 당하사 각 족속과 방언과 백성과 나라 가운데서 우리를 피로 사서 하나님께 드리시고 우리를 우리 하나님 앞에서 나라와 제사장을 삼으셨으니 우리가 땅에서 왕 노릇 하리로다 하더라."(계 5:9,10, KJV) 게다가 사탄이 대환난기 동안 성도들을 하나님 앞에서 참소하며 그들을 멸망시키고자 애를 쓸 때, 그들은 "어린 양의 피와 자기의 증거하는 말을 인하여 저를" 이길 것이다(계 12:10,11). 은혜 가운데 계신 하나님께서 우리를 위해 마련해주신 이 모든 것들은 장차 우리가 주님과 영원히 함께 있게 될 때 우리에게 주어질 것이며, 그때 우리는 그리스도와 함께 한 공동 후사로서 그리스도의 모든 영광에 참여하게 될 것이다. 새로운 피조물의 온전함이 나타날 것이며, 새 하늘과 새 땅에서 그 영광스러운 모습을 드러낼 것이다. 이 모든 복과 영광은 그리스도의 피가 가진 효력에서 나올 것이다. 하나님께서 이 모든 것의 시작이시다. 하지만 그리스도의 피는 하나님 자신의 생각과 사랑의 계획을 세우고 성취하는 하나님만의 방법이었던 것이다.

이 모든 것들을 마음 속으로 생각해볼 때, 우리는 하나님 앞에 엎드리게 되고, 그 사랑하는 아들을 선물로 주신 하나님께 경배하게 될 것이다. 우리가 그 아들의 재림을 소망하고 기다리는 동안, 그리스도의 피는 항상 우리 찬송의 최우선적인 제목이어야 하며, "죽임을 당하신 어린양"께서 하늘에서 드리는 예배의 주제가 되어야 마땅하다. "새 노래를 노래하여 가로되 책을 가지시고 그 인봉을 떼기에 합당하시도다 일찍 죽임을 당하사 각 족속과 방언과 백성과 나라 가운데서 우리를 피로 사서 하나님께 드리시고 우리를 우리 하나님 앞에서 나라와 제사장을 삼으셨으니 우리가 땅에서 왕 노릇 하리로다 하더라." (계 5:9,10, KJV)

"온 우주의 중심이시며,
태양이신 주여,
영원토록 부를 찬송의 주제는
오직 천부께서 사랑하시는 한 분,
하나님의 어린양이시나이다.
이제 모든 무릎을 꿇고 주께 경배하나이다."

사랑하는 독자여, 그대는 어떠한가? 과연 이처럼 보배로운 피가 가진 그 무한한 가치를 알고 있으며, 그 아래 보호를 받고 있는가? 이 점을 분명히 하기 바란다. "예수께서 이르시되 내가 진실로 진실로 너희에게 이르노니 인자의 살을 먹지 아니하고 인자의 피를 마시지 아니하면 너희 속에 생명이 없느니라."(요 6:53) 어린양의 피로 "자기 옷을 씻어 깨끗하게 한 자들은 복이 있으니 이는 저희가 생명나무에 나아가며 문들을 통하여 성에 들어갈 권세를"(계 22:14) 가지고 있기 때문이다.

이제 무한한 은혜 가운데 계신 하나님께서, 이 책을 읽은 모든 독자들로 하여금 그리스도의 보배로운 피가 가진 말할 수 없는 효력에 대한 하나님의 증거를 믿고, 영혼의 쉼을 얻게 해주시길 바란다. 아멘.

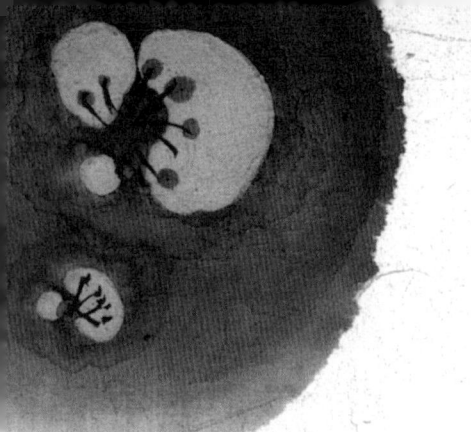

제 3장
구속이란 무엇인가?
Redemption

구속의 역사는 과거를 돌아보면서 영원 전에 세우신 하나님의 계획과 성육신, 그리스도의 삶과 죽음과 십자가에서 완성된 사역과 그리스도의 부활과 및 장래를 바라보면서 영광 가운데 계신 하나님의 아들의 형상을 닮도록 하시는 하나님의 목적의 성취 등 총체적인 은혜의 역사와 밀접한 관계가 있다. 구속[1])이란 단어는 이스라엘 백성들을 애굽 땅에서 해방시키는 출애굽 사건 이전에는 단 한번만 사용되었고(창 48:16, KJV 참조), 요한계시록에서 세군데 사용되었지만, 실제로 교회 휴거이후에는 실제로 사용된 적이 없다. 이것은 우리가 이스라엘의 역사를 통해서 모형과 예표를, 그리스도의 사역과 신자들의 구원을 통해서 실제를 볼 수 있다는 것을 확증해준다. 전자는 일시적인 구속을, 후자는 영원한 구속을 가리킨다. 그림자와 실체라는 관계 때문에,

이 두 가지는 성경에서 종종 대조적으로 설명되고 있다(히 9:11,12, 벧전 1:18,20).

구속의 본질을 생각해볼 때, 세 가지 요소를 생각해볼 수 있다. 첫 번째는 구속의 효력이 발휘되는 근거이다. 우리는 이미, 하나님의 마음이 구속의 원천인 것을 살펴보았다. 그래서 사도 바울은 "모든 것이 하나님께로 났나니"(고후 5:18)라고 말했다. 사실, 구속이 이해되기 전까지 은혜는 결코 알 수도 없고 파악될 수도 없다. 왜냐하면 여타 다른 복된 열매들과 함께 구속은 하나님의 영원한 사랑의 표현이기 때문이다(롬 8:28-39, 엡 1, 딛 3:5-7). 그럼에도 하나님은, 자신도 의롭고 또한 예수님을 믿는 사람을 의롭다고 하실 수 있을 때까지 구속의 역사를 시작하실 수가 없으셨다. 하지만 이제 하나님은 그리스도 예수 안에 있는 구속으로 말미암아 은혜로 값없이 우리를 의롭다고 하신다(롬 3:24). 바로 그리스도의 죽음을 통해서, 하나님은 죄를 위한 속량의 역사를 이루셨고, 우리 구속의 근거를 세우셨다. 더 정확하게 말하자면, 그리스도의 피가 우리의 속전으로 지불된 것이다. (왜냐하

---

1) 이 단어는 요한계시록에서 "구속하다"가 아니라 "사다"는 뜻으로 사용되었다. 예를 들자면 요한계시록 5장 9절은 "일찍 죽임을 당하사 각 족속과 방언과 백성과 나라 가운데서 사람들을 피로 '사서[bought]' 하나님께 드리시고"라고 되어 있다. 킹제임스성경은 5:9, 14:3, 14:4을 구속히디(redeemed)는 의미로 번역했고, 다비의 새 번역은 5:9만을 구속하다(redeemed)로 번역했다.

면 구속의 개념은 값을 주고 도로 사오는 것이기 때문이다.) 따라서 우리의 구속을 위한 값이 지불된 것이다. 두 개의 성경구절이 이것을 말하고 있다. "인자가 온 것은 섬김을 받으려 함이 아니라 도리어 섬기려 하고 **자기 목숨을 많은 사람의 대속물로** (왜냐하면 생명이 피에 있기 때문에) 주려 함이니라."(마 20:28) "너희가 알거니와 너희 조상의 유전한 망령된 행실에서 **구속된 것은** 은이나 금같이 없어질 것으로 한 것이 아니요 오직 흠 없고 점 없는 어린 양 같은 그리스도의 보배로운 피로 한 것이니라."(벧전 1:18,19)

그렇다면 우리가 처한 상태가 무엇이었기에 속전(또는 대속물)이 필요했던 것일까? 이스라엘 백성들이 바로의 잔혹한 폭정 아래 있었던 것처럼, 우리는 사탄의 노예였으며, 비참한 노예상태에서 힘겹게 종노릇하고 있었다. 우리는 원수의 권세 아래 있었을 뿐만 아니라, 우리 지은 죄들 때문에 유죄상태에 있었다. 뿐만 아니라, 하나님의 심판 아래 있었다. 이스라엘 백성들의 경우와 마찬가지로 우리가 지은 죄들의 문제가 해결될 때까지, 하나님은 우리를 그 상태에서 건져내기 위한 역사를 자유롭게 하실 수 없으셨다. 하나님께서 애굽 땅을 심판하러 들어가실 때, 하나님의 백성들도 그들을 압제하는 자들과 마찬가지로 유죄상태에 있었기 때문에, 유월절 어린양의 피가 아니고서는 죽음의 천사에게서 그들을 속량할 수 없었다. 여호와 하나님은 "내가 애굽 땅을 칠 때에 그 피가 너희의 거하는 집에 있어서 너희를 위하여 표적이 될지라 내가 피를 볼 때에 너희를 넘어가리니 재앙이 너희에게 내려 멸하지 아니하리라."(출 12:13)고 말씀하셨다. 그리스도의 피의 그림자였던 어린양의 피가 하나님의 모든 거룩한 요구를 충족시켰고, 그들의 죄들을 하나님이 보시지 않도록 덮었으며, 하나님의 눈 앞에서 그들의 유죄상태를 피의 가치와 맞바꾸었으며, 거룩한 심판자로서 하나님의 진노로부터 그들을 가리어 보호했다. 우리에게도 마찬가지이다. 우리는 범죄한 죄인들이었고, 하나님의 영광에 이르지 못했다. 그러한 사람들이었기에 정죄 아래 있었고 죄와 함께 파멸의 운명 아래 있었다. 하지만 하나님은 은혜로우신 분이셨기에 중간에 개입하셨고, "그를 건져서 구덩이에 내려가지 않게 하라 내가 대속물을 얻었다"(욥 33:24)고 선언하셨다. 그 대속물이 바로 그리스도의 보배로운 피였다. "하나님이 세상을 이처럼 사랑하사 독생자를 주셨으니 이는 저를 믿는 자마다 멸망치 않고 영생을 얻게 하려 하심이니라."(요 3:16) 하나님이 자기의 독생자를 주심으로써, 영혼들로 하여금 이처럼 단순한 진리를 깨닫게 하시는 것은 엄청난 은혜이다. 이 모든 것은, 우리를 잘 아시고, 우리가 짊어지고 있는 죄의 무게를 아시는 하나님께서 친히 우리의 유월절 어린양을 준비하셨고(고전 5:7), 그리스도의 피를 하나님의 증거를 가치 있게 받아들인 모든 사람을 속량하기에 충분한 것으로 선포하신 것이다(딤전 2:6). 하나님이 만족하실 진대, 과연 누가 충분치 않다고 할쏜가? 피가 가진 가치를 우리를 속량하는 속전으로 결정하신 분은 하나님이시다. 따라서 이스라엘에게 하신 "내가 피를 볼 때에 너희를 넘어가리라"는 말씀은 신약시대에도 진리인 것이다.

지금까지 내용은 구속의 첫 번째 측면을 이루고 있다. 즉 속전(대속물)이 지불되었다는 것이다. 이것은 주 예수 그리스도의 죽음을 통해서 이루어졌다. 즉 그리스도의 영혼이 죄를 위한 제사로 드려지고, 이로써 하나님께 충만하고, 완전하고, 영원한 속죄를 이루고자, 그분의 피를 흘렸을 때 구속이 이루어진 것이다. 그 다음 단계는 구속을 받은 사람들과 그리스도의 사역과 그리스도의 피의 가치가 어떻게 서로 연결되어 있는가에 대한 것이다. (우리는 이스라엘 백성들이 애굽에서 구속을 받은 순서를 따라갈 것이다.) 이스라엘 백성의 경우를 보면, 우리는 구속이 효력을 발휘하게 된 방식을 선명하게 볼 수 있다. 그들은 유월절 어린양을 잡아 죽였을 뿐 그 다음 아무 것도 하지 않았다면, 어린양의 죽음만으로 그들은 결코 심판에서 벗어날 수 없었을 것이다. 따라서 "너희는 우슬초 묶음을 취하여 그릇에 담은 피에 적시어서 그 피를 문 인방과 좌우 설주에 뿌리고 아침까지 한 사람도 자기 집 문 밖에 나가지 말라"(출 12:22)는 명령이 주어졌다. 그 피를 문 인방과 좌우 설주에 뿌리는 일이 심판에서 구원받을 수 있게 해주는 믿음의 순종으로 주어졌다. 어린양이 죽었다는 사실과 피를 그릇에 담는 일은, 그들의 정죄를 가중시키는 일 외엔 사실 아무 것도 아니었다. 그들이 피를 문에 바르는 믿음의 행동을 한 순간, 그들은 확실히 안전하게 되었다. 따라서 우리와 그리스도의 피의 가치를 서로 연결시켜주는 것은 믿음이다. 하나님이 그리스도를 화목제물로 삼으셨고, 이제 그리스도의 피를 믿는 믿음을 통해서 우리가 지은 죄들을 사하신다고 했을 때, 우리 각 사람은 반응을 해야 한다. 이제 만일 우리가 예수 우리 주님을 죽은 자 가운데서 다시 살리신 하나님을 믿는다면, 우리를 의롭다 하기 위해서 십자가에서 대속적인 죽음을 죽으심으로써 흘린 그리스도의 피를 통해서 의롭다 함을 받게 된다(롬 3:25, 5:9). 구속은 그리스도의 죽음과 부활을 통해서 성취되었고, 하나님 우편에 앉아계신 그리스도께서 그에 대한 증거이다. 만일 우리가 믿음을 통해서 그리스도의 보배로운 피의 가치를 믿고, 그 보호하는 능력 아래 들어가지 않는다면 우리는 개인적으로 구속을 전혀 알 수 없을 것이다. 우리를 구원하는 것은 오직 은혜이다. 우리는 "그 은혜를 인하여 믿음으로 말미암아 구원을 얻었다." 따라서 은혜 뿐만 아니라 믿음도 하나님의 선물이다(엡 2:8).

이제 피가 흘려졌다. 따라서 우리는 믿음의 순종을 통해서 그 피를 우리 마음에 뿌린다. 이제 하나님께서 구속을 우리에게 이루시고자 들어오신다. 이것은 모세에게 하신 말씀과 일치를 이룬다. "나는 여호와라 내가 애굽 사람의 무거운 짐 밑에서 너희를 빼어내며 그 고역에서 너희를 건지며 편 팔과 큰 재앙으로 너희를 구속하리라."(출 6:6) 거룩하신 하나님은 자기 백성들을 대적하실 수밖에 없으셨다. 왜냐하면 그들은 애굽에서 죄인으로 있었기 때문이었다. 하지만 이제는 어린양의 피 때문에 하나님은 그들을 위하실 수 있게 되었다. 이스라엘 백성들이 어린양의 피를 피난처로 삼게 되었을 때, 이제 어린양의 피는 하나님이 그들을 대하시는 유일한 토대가 되었다.

이제 하나님이 그들의 구속을 위해 하신 일을 살펴보자. 첫 번째, 하나님은 그들을 그 능력으로 애굽에서 데리고 나오셨다.

어떤 사람은 이 진리를 우리 자신에게 적용시킬 것을 권하면서 이렇게 말했다.

"피로써 하나님의 심판에서 안전하게 된 우리는 이제 우리를 위하여 일하시는 하나님의 능력을 통해서 이 세상 임금인 사탄의 권세에서 벗어날 필요가 있다. 심판에서 우리를 안전하게 지키는 피는 시작일 뿐이다. 우리를 그리스도 안에서 살아 있는 자로 만들어준 그 능력은, 그리스도께서 우리를 위해서 죽음의 자리까지 내려가셨기 때문에, 우리를 좇아오는 사탄의 권세에서 뿐만 아니라 사탄의 모든 공격과 송사로부터도 우리를 자유롭게 해줄 것이다."

하나님은 자기 백성들로 하여금 홍해를 건너도록 하심으로써 그들을 애굽에서 영원히 구출하셨다. 홍해는 모형적으로 그리스도의 죽음과 부활을 상징하는데, 이를 통해서 하나님은 사망과 심판의 문제를 해결하셨고, 자기 백성들을 위협하는 원수의 권세를 무력화시켰다. 따라서 구속은 그들이 사망과 심판의 바다를 통과해서 반대편에 서서 그들의 원수가 죽는 것을 볼 때까지는 이루어진 것이 아니었다. 그제야 그들은 "주께서 그 구속하신 백성을 은혜로 인도하시되 주의 힘으로 그들을 주의 성결한 처소에 들어가게 하시나이다"(출 15:13)라고 찬송할 수 있었다. 애굽에서 그들은 피를 통해서 안전할 수 있었다. 하지만 이제 홍해를 건너게 되었고, 이를 통해서 그들을 위하시는 여호와의 행하심이 나타났으며, 그렇게 그들은 애굽과 세상의 운명과 사망과 심판과 사탄의 권세로부터 구속을 받을 수 있었다.

그뿐만이 아니다. 성령의 가르침을 통해서 구속이란 단어가 그들의 입술에서 터지자마자, 그들은 "주께서 주의 힘으로 그들을 주의 성결한 처소에 들어가게 하시나이다"라는 말을 더했다. 그들의 모든 대적들이 제거되자, 그들을 애굽에서 데리고 나오신 하나님은 "백성을 인도하사 그들을 주의 기업의 산에" 심고자 하셨다. 이에 그들은 "여호와여 이는 주의 처소를 삼으시려고 예비하신 것이라 주여 이것이 주의 손으로 세우신 성소로소이다."(출 15:17)고 찬송했다. 이 모든 것은 피를 뿌린 일의 결과였고, 이제야 비로소 완전한 구속이 이루어진 것이었다. 홍해를 건 넜을 때, 광야를 통과하는 그들의 여정은 막 시작되었으며, 이제 그들은 확실한 하나님의 구속받은 백성이 되었다. 진실로 그들 은 이제야 과거 노예상태에서 해방을 받았고, 여호와를 섬길 수 있는 자유 상태에 들어온 것이다. 그럼에도 그들은 아직 그들을 위해서 예비된 장소에 이르지 못했고, 구속을 통해서 그들을 인 도하길 바라시는 하나님의 은혜의 목적을 누릴 수 있는 상태에 이르지도 못했다(출 3:16,17, 출 6:6-8). 어린양의 피는, 사실, 그 들로 하여금 홍해를 건너도록 해주고, 광야를 통과하도록 해주 고, 요단강물을 마르게 하고, 또 약속의 땅을 차지하게 하는 등 이 모든 일이 가능하도록 해주는 근거이다.

만일 신약성경이 말하는 구속의 의미를 살펴본다면, 우리는 모형에 대한 실체를 볼 수 있을 뿐만 아니라 더 풍성한 의미를 볼 수 있다. 하지만 기억해야하는 사실은, 하나님이 예비하신 유월 절 어린양이셨던 그리스도께서 죄인의 자리를 대신하시고, 또한 죽은 자 가운데서 다시 살아나셨을 때, 그리스도의 보배로운 피 의 효력에 기초해서 영원한 구속이 완성되었다는 점이다(히 9:12, 13:20). 속죄의 피는 자기 백성을 속량하기 위한 속전(贖錢, the ransom-price)이었다. 하나님은 그 속전을 인해서 완전한 만 족을 하셨고, 그에 부응해서 그리스도를 죽은 자 가운데서 다시 살리셨으며, 그에게 영광을 주셨다. 이로써 우리의 믿음과 소망을 하나님께 있도록 하셨다(벧전 1:20,21). 우리가 흠 없고 점 없는 어린 양 같은 그리스도의 보배로운 피로 구속되었다고 베드로가 쓸 수 있었던 것도, 바로 이 때문인 것이다. 만일 우리가 믿음을 통해서 그리스도께서 드리신 희생제사의 은총 아래 들어가게 되면, 그 즉시 우리는 그리스도께서 획득하신 구속에 의해서 확정된 모든 복들을 소유할 권리를 갖게 된다. 그리스도의 사역을 통해서 주어진 모든 결과를 즉각적으로 다 누릴 수 있는 것은 아닐지라도, 그 모든 권리를 소유하는 것은 사실이다. 우리 영혼에 관한한 우리는 이미 구속을 받았다. 왜냐하면 그리스도의 보배로운 피의 가치 때문에 그 아래 보호를 받는 우리 영혼은 쉼을 누리며, (홍해를 상징하고 있는) 그리스도의 죽음과 부활에 근거해서 하나님은 "우리를 흑암의 권세에서 건져내사 그의 사랑의 아들의 나라로 옮기셨기"(골 1:13) 때문이다. 이제 모든 신령한 복을 받아 누릴 수 있게 되었다. 이런 측면에서 우리는 우리가 이제 구속을 받았고, 노예상태에서 속량을 받았으며, 애굽에서 벗어났다고 말할 수 있다. 이제 그리스도의 죽음과 부활로 말미암아 우리는 어둠의 나라에서 빛의 나라로, 사탄의 권세에서 벗어나 하나님에게로 돌아왔다(골 1:13-15절을 보라.) 사실 사탄의 권세는 영구적으로 파괴되었다. 이제 우리는 죽음과 심판을 뒤에 두고 있으며, 하나님에게로 나아왔다.

하지만 이것이 전부가 아니다. 사도 바울은 우리가 "양자될 것

곧 우리 몸의 구속을" 기다리고 있다고 가르쳤다. 이것은 우리가 지금 성령의 처음 익은 열매를 소유하고 있다는 사실 때문에 확실히 보증되었다(롬 8:23). 이것은 로마서의 진리와 조화를 이룬다. 사도 바울은 이미 로마서 6장에서 "그리스도의 죽으심을 본받아 연합한 자가 되었으면 또한 그의 부활을 본받아 연합한 자가 되리라"고 교훈했다. 따라서 주께서 오시는 날에 하나님의 권능이 즉각적으로 역사할 것이며, 무덤 속에 누어있던 자기 백성들의 몸을 썩어짐의 종노릇하던 상태에서 일으켜서 그리스도의 영광의 몸과 같이 변화시키실 것이며, 이렇게 자기 백성들의 구속을 완성하실 것이다. 에베소서에는 또 다른 복이 제시되어 있다[2]. 하나님은 자신이 값 주고 사신 구속을 소유하실 때까지 우리 기업의 보증으로 약속의 성령을 주셨고, 우리는 성령을 통해서 구속의 날까지 인침을 받았기 때문에 하나님의 성령을 근심하게 하지 말아야 한다(엡 1:14, 4:30)는 권면을 받고 있다. 이 성

---

[2] 구속이라고 하는 근본적인 진리를 다루면서, 이 문제를 논하는 것은 주제에서 벗어나는 것 같은 느낌이 든다. 하지만 각각의 서신에서 제시하고 있는 구속의 특별한 특징이 에베소서의 가르침을 통해서 결정되고 있다는 것을 보게 된다면 독자께서는 충분히 흥미를 느낄 것이다. 베드로전서와 히브리서는 영혼의 구속만을 다룬다. 로마서는, 우리가 이미 살펴본 대로, 몸의 구속을 포함시키고 있다. 에베소서와 골로새서는 (구속을) 우리가 하나님 앞에 서있는 우리의 지위의 문제까지 끌고 나아간다. 따라서 에베소서는 "우리가 그리스도 안에서 그의 은혜의 풍성함을 따라 그의 피로 말미암아 구속 곧 죄 사함을 받았으니"(엡 1:7)라고 말하고, 반면 고린도전서는 "그리스도 예수 안에 있고 예수는 하나님께로서 나와서 우리에게 지혜와 의로움과 거룩함과 구속함이 되셨으니"(고전 1:30)라고 말한다.

경구절들은, 에베소서 1장 3절에 따르면 우리가 그리스도의 피로 구속을 받은 것은 그리스도 안에서 된 일이긴 하지만, 그럼에도 그리스도의 구속 사역의 완전한 결실은 온 교회가 영광 가운데서 하나님께 드려질 때까지 실현될 수 없다는 것을 확실히 보여준다. 이제 우리는 우리 영혼의 구원과 그리스도 안에서 함께 하늘에 있는 우리의 자리를 소유하고 있으며, 모든 어려움과 위험과 대적으로부터 안전한 가운데 있지만, 그럼에도 우리의 몸은, 장차 주님이 오실 때에야 비로소 변화를 입을 것이며 또한 사망이 이김의 삼킨바 되기 전에 죽은 자 가운데서 다시 일어나는 부활을 경험하게 될 것이다. 그때 최종적으로 모든 교회와 교회의 모든 지체들은 그리스도와 같은 형상으로 변화될 것이며, 티나 주름 잡힌 것이 이런 것들이 없이 거룩하고 흠이 없는 상태로 그리스도 앞에 영광스러운 교회로 서게 될 것이고, 그리스도의 동반자로서(His companion) 천년왕국의 영광 뿐만 아니라 영원세계의 영광에 참여하게 될 것이다. 이 모든 것과 이 모든 복들이 구속 안에 내포되어 있을 뿐만 아니라, 하나님이 생각하시는 그리스도의 피가 가진 영원한 가치를 따라서 영광스러운 결과로 나타날 것이다[3].

---

[3] "사다(purchase, 매입하다)"의 문제는 본 주제를 벗어나는 것이다. 주님이 모든 사람을 위해서 죽음을 맛보셨다는 구절에 근거해서 생각해보면, 모든 사람을 매입했다는 것은 어느 정도 옳다고 본다(요 17:2, 롬 14:9을 보라). 따라서 주님은 모든 사람의 주님이시다. 따라서 베드로는 거짓 선지자들에

대해 말하면서, "자기들을 사신 주를 부인하는" 사람들이라고 했다(벧후 2:1). 이것은 속량한 것이 아니라 매입, 즉 산 것이었다. 마태복음에서도 이것을 말하고 있는데, 즉 주님은 그 안에 묻힌 보화를 위해서 밭을 사셨다(마 13장). 하지만 구속은 오직 하나님의 백성에게만 적용된다. 물론 샀다는 것이 하나님의 백성에게도 적용될 수 있다. 예를 들자면, 고린도전서 6장 20절 "값으로 산 것이 되었으니 그런즉 너희 몸으로 하나님께 영광을 돌리라", 7장 23절 "너희는 값으로 사신 것이니 사람들의 종이 되지 말라"는 구절 등은 하나님의 백성들이 값으로 산 존재로서, 이제는 전적으로 하나님께 속했음을 의미한다. 물론 이 구절은 앞에서 언급한 대로, 모든 사람에게도 적용될 수 있다. 왜냐하면 이미 살펴본 대로, 속전이 이미 지불되었기 때문이다. 주 예수님께서 하나님의 백성들을 구속하기 위하여 자기 목숨을 대속물로 내어놓으셨고, 그 피가 흘려짐으로써 속전이 지불된 것이다.

제 4장
그리스도와 함께 죽고 함께 부활했다는 것은 무엇인가?
Death and Resurrection with Christ

롬 6:1-7, 골 3:1-5, 엡 2:4-8, 갈 2:20을 읽으시오.

사랑하는 친구들이여, 앞에서 소개해드린 몇 개의 구절들은 우리가 그리스도와 함께 죽었다는 사실을 말해주고 있다. 그렇다면 우선적으로 우리는 다음과 같은 질문을 해볼 수 있을 것이다. 과연 우리는 언제 그리스도와 함께 죽은 것인가? 로마서 6장 3-4절은 이 점을 명확히 밝히고 있다. "우리 중 많은 사람들이 예수 그리스도 속으로 세례를 받은 것은 그의 죽으심 속으로 세례 받은 것인 줄 알지 못하느냐? 그러므로 우리는 죽음 속으로 세례를 받음으로써 그와 함께 장사되었도다. 그리스도께서 아버지의 영광으로 말미암아 죽은 자 가운데서 살아나심과 같이 우리로 또한 생명의 새로움 안에서 행하게 하려 함이니라." (KJV 직역)

이제 이 주제를 더욱 자세히 다루기 전에, 골로새서 2장을 살펴보는 것이 좋을 듯하다. "너희도 그 안에서 충만하여졌으니 그는 모든 정사와 권세의 머리시라 또 그 안에서 너희가 손으로 하지 아니한 할례를 받았으니 곧 육적 몸을 벗는 것이요 그리스도의 할례니라."(10,11절)

우리는 그리스도와 함께 죽었다

이미 언급했듯이 대부분 이 구절은 동일한 것을 말하고 있다. 즉 우리가 그리스도와 함께 죽었다는 것이다. 여기에 바로 우리가 하나님 앞에 서있는 새로운 "우리의 신분(our standing)의 토대"가 있다. 왜냐하면 즉시 알아차릴 수 있는 것은, 이것은 우리가 실제로 죽었다는 것이 아니라, 하나님 앞에서 우리가 상태적으로 죽었다는 의미이다. 성경은 우리가 그리스도의 죽음 속으로 세례(침례)를 받았다고 말한다. 사도 바울은 로마서 6장에서 이 구절을 사용해서, 어째서 우리가 죄에 거해서는 안되는지를 논증하고 있다.

이제 이것을 잘 생각해보면, 우리는 바로 지금 우리가 그리스도와 함께 죽은 자로서 하나님 앞에 서있다는 놀라운 사실을 고백할 수 있게 된다. 따라서 우리는 이러한 성경의 빛을 따라서 즉시 하나님이 우리를 어떻게 생각하시는지를 볼 수 있다. 즉 우리가 주 예수 그리스도의 죽음 속으로 함께 죽었다는 것은, 우리에 대한 하나님의 **법적인 평가**인 것이다. 바로 이 사실이 로마서 6장에서 빛을 발하고 있다. 로마서 6장의 핵심은 우리가 그리스도와 함께 죽었다는 것이며, 그 결과는 7절, "죽은 자는 죄에서 벗어나 자유롭게 된다"는 데에 있다. 우리는 이 구절 앞에서 "우리가 알거니와 우리 옛 사람이 예수와 함께 십자가에 못 박힌 것은 죄의 몸이 멸하여 다시는 우리가 죄에게 종노릇 하지 아니하려 함이니"를 볼 수 있다. 바로 이 구절 속에 이 모든 것의 비밀을 볼 수 있다. 주 예수 그리스도와 함께 십자가에 못 박힌 것은 바로 옛 사람이다. 나의 아담적인 본성 혹은 아담에 속한 신분은 완전히 끝났다. 왜냐하면 내가 그리스도와 함께 십자가에 못 박혀 죽었기 때문이다.

이것은 너무도 단순한 진리이다. 하지만 그 안에 내포되어 있는 능력을 이해하고, 그 능력을 실제로 경험하는 일도 과연 단순한 것인가? 그렇지 않다. 어쩌면, 지금까지 살펴본 내용을 모두 이해하게 된 독자들이 "나는 그리스도와 함께 죽었습니다."라고 말하는 것은 너무도 쉬운 일이다. 하지만 내가 이 세상을 살아가면서, 나는 하나님 앞에서 더 이상 아담의 자손도 아니고, 나의 옛 사람은 그리스도와 함께 십자가에 못 박혔다는 신앙고백을 하며, 거기에 일치된 삶을 살아가는 것은 참으로 경이로운 일이다. 우리가 지금 살펴보고 있는 성경구절들과 앞에서 살펴본 성경구절들에서, 사도 바울이 내가 그리스도와 함께 십자가에 못박혔다고 말했을 때, 과연 무슨 의미로 한 것일까? 과연 그저 이런 뜻으로 말한 것일까?

"십자가에서 죽으신 주 예수 그리스도를 돌이켜 보면서, 나는 나 자신이 그 죽음 안에서 그리스도와 함께 연결되어 있다고 여길 수 있음을 볼 수 있었다. 이제 나를 대신해서 십자가에 달리신 그리스도를 바라보면서, 내가 지은 모든 죄들(sins) 뿐만 아니라 내 속에 있는 죄(sin)에 대한 심판을 대신 받으신 분으로서 믿으며, 나는 '그 죽음은 나의 죽음이다. 그러므로 내가 주 예수 그리스도와 함께 십자가에 못박힌 것은 하나님 앞에서 사실이다' 라고 말할 수 있게 되었다."

내가 그리스도와 함께 십자가에 못박혔다는 것을 어떻게 아는가?

우리는 이러한 진술에 담긴 사실들이 하나님의 말씀과는 정확하게 일치하지 않는다는 사실을 알아야 한다. 이것을 제대로 이해하려면 이 질문을 다루어야 한다. 즉 "내가 그리스도와 함께 십자가에 못박혔다는 것을 나는 어떻게 알 수 있는가?" 이 질문에 바로 답하기 보다는 또 다른 질문을 하고 나서 이에 대한 답변을 하고 싶다. 즉 또 다른 질문이란 이것이다. "내가 구원받았다는 것을 나는 어떻게 알 수 있는가?" 우선적으로, 이 질문에 대한 답변은 (지금은 성령의 증거라고 답하는 대신에) 하나님 말씀의 증거를 내가 믿기 때문이라고 답하고 싶다. 그렇다면 내가 그리스도와 함께 십자가에 못박혔다는 것을 나는 어떻게 알 수 있는가? 그것은 무슨 경험을 통해서 되는 것인가? 그것은 무슨 성취를 통해서 되는 것인가? 그렇지 않다. 이 점을 분명히 할 필요가 있다. 경험을 통해서 되는 것이 아니다. 나는 내가 그리스도와 함께 십자가에 못박혔다는 것을 감정적으로 느끼고 있지 않다. 게다가 이것은 나의 노력을 통해서 도달하는 것도 아니다. 하지만 하나님께서 이것을 하나의 사실로서 나에게 말씀하신다. 왜냐하면 하나님께서 말씀을 통해서 **지금 나에게** 그렇게 말씀하시기 때문이다. 나는 그 하나님의 증거를 받아들인다. 따라서 나는 "내가 그리스도와 함께 십자가에 못박혔다는 것"을 하나님 말씀의 증거를 통해서 알며, 말씀을 계시처럼 받아들임으로써 그렇게 믿는다.

그리스도의 죽음에 연합하는 것이 육신과 죄에서 해방되는 길이다

이제 이 진리가 가진 실제적인 영향력이 능력 가운데 역사할 때, 나의 행실에 어떻게 작용되는지를 살펴보자. 나의 매일의 삶 속에서 가장 나를 괴롭히는 것은 무엇인가? 옛 본성이 아닌가? 여전히 내 속에서 움직이는 육신이 아닌가? 그렇다. 내 속에 육신이 살아 있다는 것은 너무도 사실이다. 하지만 하나님은 육신을 죽음의 자리에 넣으셨다. 그 일은 하나님을 위한 것이다. 따라서 나는 주 예수 그리스도의 십자가를 돌아보면서, "그렇다. 나는 그리스도와 함께 십자가에 못박혔다. 따라서 나의 옛 본성 또는 아담의 신분과 연결된 나의 자아는 하나님의 눈앞에서 사라졌다."고 말할 수 있게 되었다. 이러한 믿음은 과연 나에게 어떠한 능력을 가져다주는가! 만일 하나님께서 나의 육신을 죽음의 자리에 넣으셨을진대, 나는 육신을 어떻게 대해야 하는 것인가? 우리는 이 질문에 대한 답변을 로마서 6장 10,11절에서 찾을 수 있다. "그의 죽으심은 죄에 대하여 단번에 죽으심이요 그의 살으심은 하나님께 대하여 살으심이니 이와 같이 너희도 너희 자신을 죄에 대하여는 죽은 자요 그리스도 예수 안에서 하나님을 대하여는 산 자로 여길지어다."

영적 해방의 결과로 실제적인 능력이 임한다

동일한 것을 또 다른 측면에서 볼 수 있는데, 우리는 이것을 로마서 8장 12,13절에서 볼 수 있다. "그러므로 형제들아 우리가 빚진 자로되 육신에게 져서 육신대로 살 것이 아니니라 너희가 육신대로 살면 반드시 죽을 것이로되 **영으로써 몸의 행실을 죽이면 살리라.**" 따라서 실제적인 능력은 바로 이 구절에 있다. 즉 하나님은 나를, 즉 나의 옛 사람을 죽음의 자리에 넣으셨다. 그래서 나는 그리스도와 함께 십자가에 못박혔다. 그러므로 성령(the Spirit)으로 말미암아 나는 나의 옛 사람을 하나님이 두신 자리에 두어야만 한다. 일단 내가 죄에서 자유롭게 된 이후에는, 죄는 더 이상 나를 주장하지 못할뿐더러 육신도 마찬가지로 나를 주장하지 못한다. 그러므로 성령(the Spirit)의 능력 안에서 나는 육신에 굴복하지 않을뿐더러, 육신의 요구도 수용하지 않을 수 있게 되었다. 하나님은 나를 육신에게서 해방시키셨고, 육신에게서 완전히 벗어난 새로운 신분(standing, 지위)을 나에게 주셨다. 왜냐하면 하나님은 나를 주 예수 그리스도의 죽음 속으로 들어가 죽음에 연합된 자로 보시기 때문이다.

신분과 책임

내가 그리스도와 함께 죽었다는 진리의 목적은 (여기서 책임의 문제가 들어온다) "죄의 몸이 멸하여 다시는 우리가 죄에게 종노릇 하지 않으려는데 있다."(6절) 여기서 죄의 몸이 멸한다는 것은 죄의 몸이 무력화되고 또 아무 것도 아닌 상태가 된다는 의미이다. 따라서 여기서 실제적인 책임의 문제가 대두된다. 나는 죽었는가? 그렇다면 죄에 굴복해서는 안된다. 죄에 굴복하는 것과 비례해서 나는 실제적으로 나의 신분을 부정하는 것이 된다. 하나님의 영께서는 항상 신분과 책임을 연결시키신다. 만일 죄를 짓는다면, 나는 실천적으로 나의 신분을 부정하는 것이다. 만일 육신이 활동하고 있다면, 동일한 방식으로, 내가 그리스도와 함께 십자가에 못박혔다는 사실을 부정하는 것이다. 반복해서 말하지만, 이러한 진리가 우리 매일 삶 속에서 어떻게 실제적으로 작용하는지를 보라. 우리 가운데 많은 사람들이, 심지어는 오늘도, 우리를 짜증나게 만드는 것들로 둘러싸인 채, 괴로움을 겪고 있다. 생의 바퀴가 우리 가정, 혹은 우리 직장에 원활하게 돌지 않고 있을 수 있다. 그 때문에 짜증을 내고 있는가? 그렇다면 육신이 나를 사로잡을 것이며, 그렇게 나는 내가 죽은 자임을 부인하게 될 것이다. 나는 옛 사람에게 굴복하게 되고, 또 그렇게 그리스도 예수 안에 있는 나의 신분을 부인하게 될 것이다. 우리가 곧 보게 될 것이지만, 나의 신분은 나의 책임의 척도이다. 만일 하나님께서 나를 죽은 자로 보신다면, 나 또한 나 자신을 죽은 자로 보아야 한다. 실제로 나 자신을 죽은 자로 "여겨야" 한다. 물론 내가 실제로 죽은 것이라면, 나는 여길 필요가 없다. 하지만 하나님이 나를 죽은 자로 여기고(원어적 의미에서, 계산하고) 계시기 때문에, 나 또한 죽은 자로 여겨야 하는 것이다. 즉 나의 신분은 나의 책임의 척도이다. 하나님께서 나를 죄에 대하여 죽었으며, 이미 죄에 대하여 죽은 자로 보고 계시기 때문에, 그 토대 위에서 우리는 "이와 같이 너희도 너희 자신을 죄에 대하여는 죽은 자요 그리스도 예수 안에서 하나님을 대하여는 산 자로 여길지어다"(11절)라는 권면을 받고 있다.

우리는 그리스도와 함께 일으키심을 받았다

이제 새로운 측면을 살펴보자. 우리는 골로새서 3장을 통해서 새로운 교훈을 볼 수 있다. 골로새서는 단순히 죽음을 말하고 있지 않고, 부활을 말하고 있다. 이 두 가지가 세례(침례) 속에서 서로 연결되어 있다. 우리는 이 사실을 골로새서 2장 12절에서 볼 수 있다. "너희가 세례로 그리스도와 함께 장사한 바 되고 또 죽은 자들 가운데서 그를 일으키신 하나님의 역사를 믿음으로 말미암아 그 안에서 함께 일으키심을 받았느니라." 그리고 나서 3장 1절에서 "그러므로 너희가 그리스도와 함께 다시 살리심을 받았으면 위엣 것을 찾으라"는 구절을 보게 된다. 즉 책임의 문제가 우리가 그리스도와 함께 죽었다는 사실 뿐만 아니라 우리가 그리스도와 함께 부활했다는 사실과 연결되어 있는 것을 볼 수 있다.

새로운 국면과 새로운 토대로서의 부활

무엇보다, 우리는 여기에 진술된 사실을 보아야 한다. 1절 첫 부분에 있는 "만일(if)"에 얽매일 필요는 없다. 여기서 만일이란 말은 책임의 문제를 가져오는 단어이다. 하지만 우리에겐, 우리가 그리스도와 함께 일으키심을 받았으며, 우리는 그리스도와 함께 부활한 사람이라는 사실이 더 중요하다. 그렇다면 우리는 그저 그리스도와 함께 죽은 사람이 아니라, 그리스도와 함께 일으키심을 받은 사람인 것이다. 따라서 우리는 두 가지 특징을 가진 사람으로서, 부활은 우리가 새롭게 들어가게 된 신분을 보장해주는 또 다른 토대인 것이다. 그 점에 있어서, 그리고 이 사실에 근거해서 새로운 권면이 주어진다. "위엣 것을 찾으라 거기는 그리스도께서 하나님 우편에 앉아 계시느니라." 이제 우리는 이에 대한 좀 더 폭넓은 설명으로서 2,3절이 주어진 것을 볼 수 있다. 이에 사도 바울은 "위엣 것을 생각하고 땅엣 것을 생각지 말라 이는 너희가 죽었고 너희 생명이 그리스도와 함께 하나님 안에 감취었음이니라"고 말했다. 그리스도와 함께 일으킴을 받은 자로서 우리의 책임은 우리의 애정을 위엣 것에 두는 것이다. 나는 그리스도와 함께 일으킴을 받은 자로서 땅에 속한 모든 것에서 벗어났다. 나는 더 이상 땅에 속한 자가 아니다. 왜냐하면 나는 그리스도의 죽음을 통해서 땅에 속한 모든 것에 대해서 죽었기 때문이다. 주 예수님의 부활을 통해서 나는 새로운 자리로 들어왔으며, 새로운 장면 속으로 들어왔다. 이제 이 새로운 자리가 이 땅에서 살아가는 나의 삶의 특징을 이루고, 나의 삶을 통해서 흘러나와야 한다. 나의 모든 감각과 정서는 위엣 것에 고정되어야 한다. 바로 거기에 그리스도께서 하나님의 우편에 앉아 계신다. 그렇다면 이 땅에서 살아갈 때 나타나는 나의 삶의 표현들은 그리스도의 죽음과 부활을 통해서 하나님께서 나에게 주어진 그 자리에 합당한 것으로 나타나게 된다.

나는 진정 그리스도와 함께 살리심을 받았는가?

우리는 이러한 일이 실제적으로 나타난다면 얼마나 놀라운 일이 될지를 다들 공감할 것이다. 나는 진정 그리스도와 함께 살리심을 받았는가? 만일 그렇다면, 과연 나는 나의 모든 애정을 그리스도께서 계신 곳에, 곧 위엣 것에 고정하고 있는가? 하나님의 영께서는 우리가 방탕한 삶을 살면서도 천연덕스럽게 "나는 그리스도와 함께 살리심을 받았습니다."라고 말하는 것을 허락지 않으신다. 나는 전에 이 주제로 자신을 신자로 고백한 사람과 대화를 나눈 적이 있다. 그는 자신이 신자가 되었다고 상당히 우쭐해했지만, 그의 삶은 전혀 딴 판이었다. 그는 나에게 당당하게 "나는 하나님의 자녀입니다."라고 말했다. 그는 자신의 방탕한 삶과 책임문제에서 자신의 실패를 덮고자 이런 신앙고백을 이용하고 있었다. 그럴 수 없다. 우리가 로마서 8장 13절 "너희가 육신대로 살면 반드시 죽을 것이로되"라는 구절에서 보는 것처럼, 하나님의 영께서 이러한 모습을 허용하지 않으신다. 삶이야말로 신앙의 진위여부를 판단하는 증거이다. 어떤 측면에선, 삶은 내가 누구인지를 밝혀주는 등불인 것이다. 그러므로 만일 누가 "나는 그리스도와 함께 살아난 사람입니다."라고 말하면서, 여전히 삶의 모습과 관심이 이 땅에 있는 것들에 고정되어 있다면, 진실은 무엇이겠는가?

그렇다고 해서 앞으로 행함의 불일치가 전혀 없게 될 것이라고 말하고 싶지는 않다. 우리에겐 분명 행함의 불일치가 있을 것이다. 그럼에도 내가 여기서 말하고 싶은 것은, 이 진리를 앞에 두고 있는 우리로서는, 만일 이 땅을 살아가는 나의 모든 삶이 내가 지금 통과하고 있는 세속의 특징을 그대로 띠고 있다면, 나는 그리스도와 함께 살리심을 받았다고 말할 수 있는 자격이 없다는 것이다. 결코 그럴 수 없다. 만일 우리가 부활하신 그리스도 안에 있는 생명을 가지고 있다면, 그 생명은 자연스럽게 외적인 표현으로 나타날 것이다. 나의 생명이 바로 그리스도 자신이시기 때문이다. 이것은 다음 구절에 잘 나타나 있다. "우리 생명이신 그리스도"(4절). 만일 그리스도께서 나의 생명이시라면, 그리스도께서는 반드시 나의 삶을 통해서 표현되어 나타나실 수밖에 없다. 만일 그리스도께서 나타나고 있지 않다면, 진정 그리스도께서 나의 생명이신지 의심해보아야 한다. 그렇지 아니한가? 이것은 우리가 익히 아는 진리이다. 따라서 우리 영혼에 깊이 적용해보고, 하나님 앞에서 우리의 마음과 양심을 성찰해볼 필요가 있다. 진정 내 삶에서 나타나고 있는 특징은 무엇인가? 이 일에 나 자신을 성찰해보아야 하지 않겠는가? 이 성경구절 앞에 벌거벗은 듯이 서서, 진정 나는 그리스도와 함께 살리심을 받은 사람인가? 과연 나는 위엣 것을 추구하고 있는가? 과연 나는 그리스도께서 하나님 우편에 앉아 계신 곳에 내 마음을 두고 있는가? 라고 물어야 한다.

신분과 책임의 일치

언젠가 어느 성도가 자신과 자신의 남편이 교회집회에 잘 나오지 않는 이유를 설명하면서 이렇게 말했다. "우리는 사업상 많이 바쁩니다. 사업은 우리가 해야 하는 최우선적인 일입니다." 정말 그런가? 성경은 "너희가 그리스도와 함께 다시 살리심을 받았으면" 최우선적으로 "위엣 것을 찾으라"고 말하고 있다. 과연 우리는 신분과 책임, 이 두 가지를 어떻게 일치시킬 수 있는가? 만일 우리가 책임을 받아들이지 않는다면, 신분을 주장할 수 없다. 바로 이 사실이 우리 앞에 있는 핵심이다. 나의 책임의 정도는 정확하게 나의 신분과 일치를 이루고 있다. 따라서 만일 내가 그리스도 안에 있는 사람이라면, 하나님은 나에게 부활한 사람으로서 행할 것을 기대하신다. 그렇게 함으로써 원수들조차도 나에게서 나의 찬송 받으실 주님과 닮은 모습을 보게 되는 것이다.

그리스도의 생명으로 살고 있는가?

최근 또 다른 성도가 내게 "어쨌든 우리는 다 이 땅에 발을 붙이고 살잖아요."라는 말을 했다. 물론 우리는 이 세상에 발을 붙이고 살고 있다. 하지만 그것이 요점은 아니다. 요점은, 이 땅에 사는 존재로서, 우리는 그리스도의 생명을 나타내야 한다는 것이다. 그리스도는 나의 생명이시고, 나는 부활하신 그리스도 안에 있다. 그럼에도 만일 내가 나의 애정을 위엣 것에 두고 있지 않다면, 나는 나의 마음을 성찰해보아야 하며, 진정 나는 그리스도와 함께 살리심을 받았다고 말할 수 있는지를 확증해야 한다. 결국, 이것은 다음과 같은 지점에 이르게 해준다. 진정 나의 마음을 채우고 있는 것은 무엇인가? 만일 나의 마음이 부활하신 그리스도로 점유되어 있다면, 나는 이내 이 땅에 속한 모든 장면에서 벗어나게 될 것이다. 만일 그리스도께서 나의 눈길을 사로잡고 계신다면, 나는 세상이 주는 지극히 아름다운 장면에도 눈을 감을 것이며, 세상이 내는 가장 아름다운 소리에도 귀를 닫을 것이다. 이것은 전적으로 우리의 애정(감정과 정서)을 어디에 두는가의 문제이다. 과연 그리스도께서 나의 마음을 채우고 계신가? 그리스도는 나를 사로잡고 계시는가? 단순히 내가 그리스도로 점령되는 것이 아니다. 두 가지는 서로 연결되어 있다. 만일 내가 그리스도로 점령되었다면, 그리스도는 나에게서 그리스도 자신이 나타나도록 역사하실 것이다. 정말 그렇다면, 나는 이 땅에서 그리스도와 관련된 모든 일에 힘쓸 것이며, 필연적으로 나의 애정은 위엣 것에 고정될 것이다. 바로 하늘 저 높은 곳에 그리스도께서 하나님의 우편에 앉아 계신다.

좀 더 살펴보자. 만일 내가 들어간 자리를 제대로 이해하고 있다면, 나는 그 자리를 매우 친숙하게 알고 있어야 하지 않겠는가? 이 땅에 속한 일들보다 하늘에 속한 일들에 더욱 친숙해야 하지 않겠는가? 여전히 우리 가운데 많은 사람들이 땅의 일들에 대해서 자신이 얼마나 많이 알고 있는지를 자랑하는 것을 보곤 한다. 또 다른 성도는 최근에 자신이 몰두하고 있는 일에 대해서 자랑삼아 말했다. 즉 자신은 매일 아침 신문을 읽는 습관을 들였으며, 시간가는 줄도 모를 정도로 재미에 푹 빠져있기에, 하나님의 말씀을 읽는 시간보다 신문을 읽는 시간이 더 많다고 했다. 하나님은 그에게 은혜를 주셨고, 그 일을 직시함으로써 버릴 수 있게 하셨다. 이것은 우리가 그리스도와 함께 죽었고 또 함께 살리심을 받았다는 것을 실제적으로 부인하는 일에 우리가 얼마나 쉽게 빠질 수 있는가를 보여준다. 따라서 우리는 우리가 들어간 새로운 지위를 생각해보고, 그 새로운 지위에 속한 책임도 아울러 생각해야 한다. 신분(지위)와 책임은 함께 간다는 사실을 기억하라.

그리스도 안에서 하늘에 앉아 있는 것이 하늘에 속한 자로서 나의 새로운 신분이다

이제 에베소서 2장 6절 "또 함께 일으키사 그리스도 예수 안에서 함께 하늘에 앉히시니"를 살펴보자. 우리는 죽음을 통과해서 다만 부활에 들어간 것이 아니라, 사실은 그리스도 예수 안에서 (그리스도와 함께 앉아 있는 것이 아니라 그리스도 안에서) 하늘에 앉아 있다. 이제 나의 신분은 무엇인가? 나의 신분은 그리스도께서 계신 곳에서 그리스도 안에 있는 것이다. 이것은 다만 내가 사는 삶의 자리, 곧 이 아래 땅에서 그리스도와 함께 살리심을 받은 것으로 끝난 것이 아니다. 그렇지 않다. 그보다 더 나아간다. 나는 그리스도께서 지금 영광 중에 계신 그 자리에서, 바로 그리스도 안에서 하늘에 앉아 있다. 그것이 나의 자리이다.

오, 이것은 얼마나 경이로운 은혜인가! 하나님께서 자비하심 가운데 우리에게로 내려오셨고, 허물과 죄로 죽어 있을 때 우리를 만나주셨으며, 우리를 그리스도와 함께 살리셨고, 우리를 함께 일으키셨고, 그리스도 안에서 하늘에 함께 앉게 하셨다. 이제 나는 하나님 앞에서, 하나님의 임재 가운데 항상 거하게 하신 것이다!

에베소서 2장 6절 "또 함께 일으키사 그리스도 예수 안에서 함께 하늘에 앉히시니", 이 구절보다 더 우리에게 친밀한 본문은 없는 듯싶다. 우리는 종종 우리가 들어간 축복의 경이로운 자리에 대해서 많은 말을 한다. 다른 누구보다 우리는 그 자리가 가지고 있는 책임에 대해서 이해할 필요가 있다. 그렇다. 만일 내가 하늘에 속한 자가 되었다면, 나는 그리스도께서 계신 그곳에서, 그리스도 안에서 하늘에 속한 자로서 살아야 한다. 이 얼마나 놀라운 자리인가! 만일 내가 믿음의 눈을 뜨고, 하나님 우편 자리를 올려다본다면, 바로 그곳에 영광을 받으신 그리스도를 볼 수 있다. 만일 내가 나 자신이 구속받았다는 의미가 무엇인지, 그 온전한 의미를 이해하고 싶다면, 나는 그리스도를 바라봄으로써만 그 의미를 알 수 있다. 바로 그리스도께서 구속이 무엇인지를 알게 해주는 척도이기 때문이다. 따라서 다음 찬송가의 구절이 얼마나 진리를 잘 표현해주고 있는지를 알게 된다.

"너무 가까워, 하나님께 너무도 가까워,
더 이상 가까울 수 없을 정도로 가깝네.
하나님 아들 안에 있는 나는,
그 아들만큼 하나님과 가까이 있네."

우리는 하나님 바로 앞에 이미 들어와 있다. 바로 하나님의 존전 앞이 우리의 집(home)이기에, 우리 마음이 머무는 곳은 마땅히 그곳이어야 한다. 인간적으로 말해서, 멀리 떠나 사업에 몰두하는 동안 그 마음에 한 번도 자신의 집으로 생각해본 일이 없는 사람에게 과연 자신이 돌아갈 집, 사랑하는 사람들이 있는 집이 있을 수 있는가? 상황마다 다를 수 있지만, 얼마나 낯선 남편 혹은 아버지가 될 것인가! 마찬가지로, 자신이 그리스도 안에서 앉아 있는 자리에 대해서 한 번도 또는 거의 생각해본 일이 없는 신자들의 경우엔 어떨 것 같은가?

세 부류의 신자

페이슨이란 사람은 세 부류의 신자에 대해서 언급한 적이 있다. 분명 독자들도 이 가운데 하나에 해당될 것이다. 그는 한 부류의 신자들을 세상에 속한 일로 바쁜 사람들로 묘사했다. 그들은 너무도 바쁜 나머지 주님에게서 등을 돌렸다. 또 한 부류의 신자가 있는데, 그들은 한번은 세상을 쳐다보고, 또 한 번은 그리스도를 바라보는 사람들이다. 그리고 세 번째 부류의 신자들은 항상 얼굴을 그리스도의 임재 충만한 빛 가운데로 향하고 있는 사람들이다. 이 세 부류 가운데 독자는 어디에 해당되는가? 만일 우리가 죽음과 부활을 통과해서 들어간, 그리스도 안에서 앉아 있는 자리가 무엇인지 이해했다면, 분명 우리 마음은 그리스도와 항상 함께 할 것이며, 우리의 눈은 항상 그리스도를 응시하게 될 것이다. 다음 찬송가를 부를 수 있는 성도만큼 행복한 사람은 없을 것이다.

"오, 나의 눈은
전적으로 주님만을 바라보길 원하네.
주님의 아름다움으로 가득한 그곳을 바라볼 때,
주님 외에 다른 것은 볼 수 없으리!"

매일 우리의 삶에서, 얼마나 자주 우리의 생각, 우리의 마음은 우리를 둘러싸고 있는 많은 것들에 마음을 빼앗기고 또 점령당하고 있는지 모른다!

아, 사랑하는 친구들이여. 만일 우리가 들어간 자리에 대한 완전한 이해를 가지고 있다면, 게다가 우리 마음이 그 자리에 거하고 있다면, 만일 우리가 그리스도를 계속해서 바라보고 또 그분의 아름다움을 조금이라도 볼 수만 있다면, 그렇다면 우리는 세상이 뿜어내는 그 무슨 아름다움도 눈에 들어오지 않을 것이다! 우리의 자리와 지위에 따르는 책임을 바르게 이해하게 해주소서!

하늘에 속한 자로서의 책임

이제 다른 성경본문을 통해서, 책임에 대한 부분을 좀 더 구체적으로 살펴보자. 나는 지금까지 단지 죽음과 부활, 그리고 그리스도 안에서 하늘에 앉아 있게 된 것에 대해서만 말했다. 이제 나는 내가 그리스도 안에서 들어가게 된 자리와 신분에 합당하게, 이 땅에서 감당해야 하는 나의 책임은 무엇인가?에 대해서 살펴보기를 원한다. 이 질문에 가장 일반적인 형태로 대답하려면, 우선적으로 우리는 요한일서 2장 6절로 가야 한다. 이 구절은 신분과 연결되어 있지는 않지만, 내가 표현하고 싶어 하는 생각을 잘 나타내고 있다. "자신이 그리스도 안에 거한다고 말하는 사람은, 그리스도께서 행하셨던 대로 자기도 행할지니라." 그 이유는 내가 그리스도께서 계신 그곳에, 즉 그리스도 안에 있기 때문이다. 게다가 그리스도는 이 땅에서 내 안에 계신다. "자신이 그리스도 안에 거한다고 말하는 사람은" - 즉 교통을 의미한다. - "그리스도께서 행하셨던 대로 자기도 행할지니라." 따라서 하늘에 속한 자로서 지고 있는 일반적인 책임은 그리스도께서 행하셨던 대로 행하는 것이다. 그리스도는 어떻게 하셨는가? 그에 대한 해답은 요한복음 3장 13절에 있다. "하늘에서 내려온 자 곧 하늘에 있는 인자(the Son of man which is in heaven) 외에는 하늘에 올라간 자가 없느니라." 이 구절을 통해서 우리는 그리스도께서는 이 땅에 계실 때조차도, 사실은 하늘에 계셨다고 말할 수 있음을 볼 수 있다. 다른 말로 하자면, 그리스도는 하늘에 속한 자로서 이 땅에서 행하셨으며, 땅에 있을 때에도 여전히 하늘에 속한 분이셨던 것이다. 따라서 그리스도는 우리를 위하여 하늘에 속한 자로서 사는 삶의 모델이시다!

이제 우리는 이 세상에 속한 자가 아니라, 그리스도 안에서 앉아 있는 자리에 속한 자로서 행해야만 한다. 왜냐하면 세상에 있는 동안에도 여전히 하늘에 거하는 삶이 그리스도에게 가능했던 것처럼, 영적으로 우리에게도 가능하기 때문이다. 만일 우리가 그렇게 할 수만 있다면, 우리의 삶은 얼마나 다른 특징과 모습을 띠게 될 것인가! 말 뿐만 아니라, 행실에서도 그리스도의 모습이 나타날 것이다. 그렇다. 모든 일에, 그리스도의 생명이 우리에게서 또한 우리를 통해서 나타날 것이며, 또한 우리의 행실과 대화 가운데서도 나타날 것이다.

그리스도처럼 사랑 가운데 행하라

우리는 이렇게 그리스도의 생명이 나타나는 것의 실체가 또 다른 모양으로 나타나는 것을 볼 수 있다. 예를 들자면, 에베소서 5장 2절은 이렇게 말하고 있다. "그리스도께서 너희를 사랑하신 것같이 너희도 사랑 가운데서 행하라 그는 우리를 위하여 자신을 버리사 향기로운 제물과 생축으로 하나님께 드리셨느니라." 이것이 가능한 이유는 우리가 하나님의 자녀가 된 사실에 있다. 따라서 우리는 자녀로서 행해야 하는 행실의 특징을 볼 수 있는데, 이것은 매우 중요한 것이다. 사도 바울은 "그러므로 사랑을 입은 자녀같이 너희는 하나님을 본받는 자가 되고 그리스도께서 너희를 사랑하신 것같이 너희도 사랑 가운데서 행하라 그는 우리를 위하여 자신을 버리사 향기로운 제물과 생축으로 하나님께 드리셨느니라"고 말했다. 나는 자녀된 신분 때문에, 그리스도께서 행하셨던 것처럼 행해야 한다. 그것도 "그리스도께서 우리를 사랑하신 것같이 사랑 안에서" 행해야 하는 것이다. 이제 요한복음 13장 14-15절 "내가 주와 또는 선생이 되어 너희 발을 씻겼으니 너희도 서로 발을 씻기는 것이 옳으니라 내가 너희에게 행한 것같이 너희도 행하게 하려 하여 본을 보였노라"를 보라. 그리고 17절에는 "너희가 이것을 알고 행하면 복이 있으리라"고 말하고 있다. 하지만 내가 독자들에게 바라는 것은 에베소서 5장 2절에 있다. 우리는 그리스도를 본받아야 한다. 그 이유는 단순하게 말하자면, 우리가 하나님의 자녀이기 때문이며, 또한 우리가 들어간 자리 때문이다. 따라서 우리에게 이 땅에서 우리가 좇아야 할 본보기가 주어진 것이다. 그에 대한 설명은 참으로 놀랍다. "그는 우리를 위하여 자신을 버리사 향기로운 제물과 생축으로 하나님께 드리셨느니라." 사도 요한도 이것을 요한일서에서 잘 설명하고 있다. 잠시 살펴보고 지나가자. "그가 우리를 위하여 목숨을 버리셨으니 우리가 이로써 사랑을 알고" 그리고 나서 그 다음은 무엇인가? "우리도 형제들을 위하여 목숨을 버리는 것이 마땅하니라"이다. 따라서 그리스도의 사랑은 죽기까지 사랑하는 일에 대한 우리의 모델이 되어야 한다. 우리는 에베소서를 읽으면서, 중요한 진리를 볼 수 있었다. 즉 그리스도께서 우리를 사랑하시고, 우리를 위하여 자신을 주셨는데, 그것은 자신을 향기로운 제물과 생축으로 하나님께 드리는 것이었다. 그렇다면 우리 사랑의 나타남도 우선적으로 성도들을 대상으로 할 것이 아니라, 하나님 자신을 우선적인 대상으로 삼아야 한다. 그리고 이 사랑은 순종을 통해서 표현되어야 하며, 다른 것으로는 할 수 없다. 이 사실을 기억하는 것은 매우 중요하다. 우리 가운데 많은 사람들은, 우리가 모든 상황 속에서도 사랑을 나타내야 한다고 할 때, 시험을 받곤 한다. 시험받을 이유가 없다. 사랑을 표현하는 것은 하나님의 말씀에 통제를 받아야 한다. 그래서 하나님의 영광이 나타나는 것이 최우선적인 목적이 되어야 한다. "그는 우리를 위하여 자신을 버리셨다." 그렇다. 그 결과 그것은 "향기로운 제물과 생축으로 하나님께 드려진" 제사였다. 나는 이것만큼 강력하게 모든 사람을 향해서 자애심을 호소하는 것이 없다고 생각한다. 사랑은 하나님을 향한 순종으로 나타나야 한다. 사랑은 하나님을 그 대상으로 하고 있다. 그러므로 만일 내가 하나님의 말씀에서 벗어나 있다면, 나는 하나님이 아니라, 동료 신자를 사랑의 대상으로 삼을 수가 있다. 우리는 사랑의 참된 특징을 알고 있다. 만일 하나님을 대상으로 하고 있지 않다면, 그것은 그리스도께서 우리를 위하여 자신을 내어주실 때 나타내신 그 사랑이 아니다. 우리는 그리스도를 닮아야 한다. 그것이 우리의 책임이다.

우리가 반드시 살펴보아야 할 구절이 있다. 베드로전서 2장 20절이다. "죄가 있어 매를 맞고 참으면 무슨 칭찬이 있으리요 오직 선을 행함으로 고난을 받고 참으면 이는 하나님 앞에 아름다우니라." 이 구절은 우리를 박해하는 사람들과 원수들에 대한 우리의 책임을 보여준다. 우리는 이 점에 있어서도 그리스도를 본받아야 한다.

내가 사는 것이 아니라 진정 그리스도께서 사시는 삶

이제 마지막으로 살펴볼 구절은 갈라디아서 2장 20절이다. "내가 그리스도와 함께 십자가에 못 박혔나니 그런즉 이제는 내가 산 것이 아니요 오직 내 안에 그리스도께서 사신 것이라." 이 구절의 처음 부분에 대해선 분별의 차이가 거의 없다. 만일 우리가 주 예수 그리스도를 믿는 신자라면, 과거 완료형으로 "내가 그리스도와 함께 십자가에 못 박혔다(I have been crucified with Christ)"는 말은 누구든지 할 수 있기 때문이다. 게다가 "그런즉 이제는 내가 산 것이 아니요 오직 내 안에 그리스도께서 사신 것이라"고 말하는 것도 가능하다. 그렇다면 질문은 이것이다. 과연 이 구절이 오늘 나에게 실제적인 사실이었을까? 오늘 삶 가운데 전혀 육신이 나타나지 않고, 옛 생명이 나타나지 않았단 말인가? 오늘 하루의 삶을 돌아보면서, 과연 내가 산 것이 아니라, 오직 내 안에 그리스도께서 사신 것이었다고 말할 수 있는가? 사실 사도 바울은 바로 그것을 말하고 있다. 그래서 바울은 현재 시제로 "내가 그리스도와 십자가에 못박혔나니(I am crucified with Christ)"라고 말하고 있는 것이다. 우리도 그렇게 말할 수 있는가? 우리는 다시 신분에 속한 책임의 총체적인 문제 앞에 서있다. 그것은 이 땅에서 내 안에 그리스도께서 사시는 삶에 대한 것이다. 왜냐하면 그리스도께서 내 안에 계시기 때문에, 그리스도는 나를 통해서 자연스럽게 나타나실 것이기 때문이다. 진정 이렇게만 된다면 우리는 얼마나 경이로운 성도로 나타날 것인가! 만일 내가 동료 신자인 당신을 보고 또 당신은 나를 볼 때, 오직 그리스도 외에는 아무 것도 볼 수 없다면 얼마나 놀라운 일이 될 것인가! 하지만 우리는 얼마나 자주 "나 자신만의 독특한 성격, 기질, 성향 등"을 내세우는지 모른다. 그렇다면 진정 나는 죽은 것인가? 나만의 독특성은 도대체 어디서 오는 것인가? 과연 우리는 그리스도의 무덤 속에 나의 옛 자아를 묻어버린 것이 사실인가? 만일 이러한 것들이 나타나고 있다면, 분명 나는 그리스도와 함께 죽고 함께 장사된 것이 아닐 것이다. 하나님의 눈으로 볼 때, 우리는 분명 죽었다. 게다가 그것은 참으로 복된 것이다. 옛 사람은 완전히 끝났다. 하지만 우리는 지금 책임을 말하고 있으며, 나는 이 책임의 문제를 나 자신의 마음과 당신의 마음에 새기고 싶다.

이제 더 이상 우리 자신이 사는 것이 아니요, 그리스도께서 우리 속에 사시는 것이 나와 당신에게 사실인가? 다른 성도와의 관계에서도 사실인가? 우리가 주 예수님의 이름으로 함께 모일 때에도 과연 사람들은 우리 속에 있는 그리스도 외엔 아무 것도 보지 못하는 것이 사실인가? 성령의 능력으로 함께 모임으로써, 우리는 다 그리스도를 나타낼 뿐, 우리 자신의 모습은 나타나지 않는 것이 사실인가? 말씀을 전하고, 찬송을 부르고, 예배를 드릴 때에도, 모든 것을 다 그리스도의 나타나심으로 하고 있는가? 지난 주, 나의 가정생활에서도 그리했는가? 회심하지 않은 사람들이 나를 볼 때에, 무슨 신성한 능력이 흘러나오는 사람으로 대하고 있는가? 직장에서 직장동료들이 과연 나에게서 생명의 향기, 그리스도의 향취를 느끼고 있는가?

언젠가 상점에 들렀을 때, 주인과 대화를 나눈 적이 있었다. 그때 종업원으로 있던 젊은 청년과 아는 사이라 그가 신자라는 사실에 대해서 주인과 이런 저런 얘기를 나누게 되었다. 그때 그 주인의 대답이 무엇이었는지 아는가? "글쎄, 나는 그 사실을 몰랐는데." 였다. 어째서 그랬을까? 어쩌면 당신은 "그 주인이 보는 눈이 없어서 그럴 것"이라고 말할지도 모르겠다. 하지만 나는 이렇게 묻고 싶다. 진정 신자가 있는 곳에서, 자신이 신자인 것이 드러나지 않을 수 있을까? 과연 그런 일이 가능한가? 초대 교회 시대에는 어떠했을까? 아, 당신은 나에게 시대가 변했다고 대답하고 싶을지도 모르겠다. 물론 시대가 변한 것은 사실이다. 하지만 나는 당신에게 이것을 묻고 싶다. 그렇다면 그리스도의 생명의 나타남도 변할 수 있는가? 그리스도는 변하지 않으실진대, 어째서 그 나타남이 변할 수 있을까? 당신은 세상이 옛날과는 달리 그리스도를 더욱 닮고 있다고 말하고 싶은가? 세상은 그리스도를 미워하고 적대하는 감정이 조금도 줄어들지 않았고, 그럴 수도 없다. 세상은 한결같다. 그렇다면 예전처럼 세상과는 완전한 분리를 해야 하는가? 그렇다. 우리는 세상과 따로 성별된 성소를 가지고 있고, 그래서 상당히 안전하다고 생각하지만, 여전히 미끄러져 넘어질 위험 가운데 있다. 우리는 세상을 따라 가서는 안 된다. 이것이야말로 내가 강조하고 싶은 진리이다.

내가 할 일은 그리스도를 나타내는 것 외엔 없다. 내 생각엔, 그 일을 완수한 사람은 드물다. 확실히 그 일을 해낸 사람이 있긴 하다. 그 사람은 "내게 사는 것이 그리스도니"(빌 1:21)라고 말했다. 그리고 그 사람에겐 그것 외엔 아무 것도 몰랐다. 이제, 당신도 자신의 생애를 총체적으로 정의해줄 단 하나의 문장을 꼽으라고 하면, "내게 사는 것이 그리스도니"라고 확정하고 싶은가? 진정 그리스도께서 내 생의 유일한 목적인가? 내가 사는 것이 아니라 내 안에 그리스도께서 사시는 것, 바로 그것인가? 그것이 아니라면, 나는 나의 책임을 인식하고 있지 않은 것이다. 이제 나는 무엇을 해야 하는가? 하나님의 임재 속으로 들어가 나 자신을 판단해보고, 나 자신의 실패를 자백하고, 더 큰 은혜를 구해야 할 것이다.

이제 우리가 보아야 하는 것은, 하나님께서 우리에게 주신 이처럼 경이로운 자리에서 하나님은 우리에게 "육신에 있지 아니하고 영에 있을 뿐만 아니라" 또한 "그리스도의 영이 우리 속에 거하고 있다"(롬 8:9)고 비로소 말씀하신다는 것이다. 하나님의 영께서 하나님 앞에 있는 나의 모든 존재의 특징을 덧입혀 주신다. 그 결과 육신은 완전히 하나님의 눈앞에서 제거되고, 오직 그리스도만이 남게 되며, 우리는 그리스도 안에 있는 존재가 되는 것이다.

그리스도의 임재 속에 머무는 행복한 시간

이제 다른 측면을 생각해보자. 이 땅에 있는 내 속에 그리스도께서 계신다. 그리고 내가 힘쓸 일은 가능한 모든 방법으로 그리스도를 나타내는 것이다. 우리는 그리스도인과의 교제 속에서뿐만 아니라, 모든 곳에서, 항상, 어느 때라도 그리스도를 나타내야 한다. 성도들이 우리와 그리스도 사이에 들어오면 어찌해야 하는가? 나는 이 질문을 하나의 시험처럼 독자들에게 제시하고 싶다. 당신 뿐만 나 자신에게도 물어야 하는 질문이다. 나는 과연 내가 그리스도의 임재 속에 있는 것보다 성도들과의 교제 속에서 더 큰 행복을 맛보고 있는가? 독자들 가운데 어떤 사람은 "물론, 그리스도의 임재 속에 있는 것이 더 행복하지요."라고 즉시 대답할지도 모른다. 즉각적으로 대답하려고 하지 말고 조금 더 깊이 생각해보기 바란다. 당신은 어떤가? 당신은 성도들과 함께 교제를 나누는 것만큼 그리스도와의 교제 속에서 외로운 시간을 보내는 것에서 진정 기쁨을 맛보고 있는가? 그 시간은 말씀을 묵상하는 시간일수도 있고, 개인적으로 기도하는 시간일수도 있다. 어쨌든 그리스도와 함께 하는 이 시간을 더 사랑하고 있는가? 사실 이것은 대답하기가 쉽지 않은 질문이다. 나 자신의 경험으로부터 배우게 된 것은, 성도들과 교제하는 한 두 시간은 금세 지나가 버린다. 과연 우리는 그리스도의 임재 속에서도 한 두 시간이 "금세 지나가버리는 것"을 경험하고 있는가? 이 질문을 회피하지 말고, 대답해보라. 우리는 이 질문을 직시해야 하고, 분명한 대답을 해야 한다. 이 문제를 분명히 하기 바란다. 만일 우리가 "성도들과 함께 하는 시간보다 그리스도와 함께 하는 시간이 더 즐겁습니다. 하나님의 백성 가운데 가장 그리스도를 닮은 사람과 함께 하는 시간보다 그리스도와 함께 하고, 그리스도와 함께 거하고, 그리스도와 교통을 나누는 시간이 더 행복합니다."라고 대답할 수 있기 전까지, 한결같은 그리스도와의 교통을 누릴 수 있는 능력은 사실상 우리에겐 없게 된다.

어째서 그런가? 하나님의 백성 가운데 가장 그리스도를 닮은 사람일지라도 그리스도의 진면목을 온전히 나타낼 수 없기 때문이다. 당신은 과연 당신이 아는 사람 가운데 "그리스도를 똑같이 닮은 사람"을 나에게 소개해줄 수 있는가? 그럴 수 없을 것이다. 그럼에도 당신이 그리스도와 함께 하는 것보다 성도들과 함께 하는 것이 더 즐겁다면, 그것은 당신의 생각과는 달리 그리스도를 누리고 있지 않다는 것을 보여준다. 따라서 나는 당신의 대답을 듣고 싶다. "당신은 성도들과 함께 하는 시간과 그리스도와 함께 하는 시간 중, 어느 시간에서 더 큰 행복을 맛보고 있는가?"

그리스도를 살아내라

내가 기대했던 만큼 이 주제를 잘 다룬 것 같지는 않다. 하지만 만일 여러분이 이 한 가지 사실만을 기억한다면, 나는 충분히 만족할 수 있을 것 같다. 즉 우리가 힘써야 하는 일은 오로지 그리스도를 살아내는 것 외엔 아무것도 없다는 것이다. 각각의 진리는 저마다의 자리가 있다. 하나의 진리를 배웠다는 사실에 우리는 충분히 하나님께 감사할 수 있다. 진리를 새롭게 배우는 것을 어렵게 느끼는 사람들은, 진리 하나를 배웠다는 사실을 다른 것들보다 더 크게 생각하면서 거기에 집착하는 경향이 있다. 하지만 보다 중요한 것은, 배운 진리를 통해서 그리스도를 살아내는데 있다. 어떻게 하면 이 사실을 더 강력하게 표현할 수 있을지 나는 모르겠다. 다시 한번 원점으로 돌아가 보자.

과연 우리는 하늘에서 그리스도 안에 있으며, 그리스도는 땅에서 우리 안에 계신가? 그렇다면 우리는 이제 "오직 내 안에 그리스도께서 사신 것이라."고 말함으로써 오늘 하루를 시작할 수 있고, 매일 아침에 일어날 때마다, 가장 우선적으로 "이제는 내가 산 것이 아니요 오직 내 안에 그리스도께서 사신 것이라"는 말씀으로 하루를 시작할 수 있다. 뿐만 아니라 하루 일과를 마치고 다시 가족의 품에 안길 때, 자녀들과 오붓한 시간을 보낼 때에도, 여전히 그 구절을 살아내는 것이다. 그리하면 하나님의 영의 경이로운 능력이 우리 안에서 용솟음치며, 우리를 통해서 흘러나가게 될 것이다. 그 결과 회심하지 않은 사람들조차도 우리에 대해서 생각해볼 때, 자신들이 이해할 수 없는 무언가가 있음을 고백하지 않을 수 없을 것이다. 우리는 마땅히 누려야 할 능력의 반쪽만을 가지고 싶지 않을 것이다. 우리가 연약함에 빠지는 이유는, 우리 삶 속에서 그리스도의 그림이 선명하게 나타나고 있지 않기 때문이다. 그리스도는 어찌 하셨는가? 아버지를 온전히 나타내셨다. 우리가 할 일은 그리스도를 나타내는 것이다. 오직 내 안에 그리스도께서 사심으로써 그리스도만 드러나는 것이다! 그것을 당신 앞에 유일한 목적으로 삼으라. 오직 그리스도만 나타나는 삶이다. 왜냐하면 우리는 지금 그리스도께서 계신 그 자리에 들어왔고, 그래서 그리스도 안에 있기 때문이다.

제 5장
그 사랑하시는 자 안에서 열납되었다는 것은 무엇인가?
Accepted in the Beloved

에베소서 1장 6절은 "그의 은혜의 영광을 찬미하게 하려고, 그 은혜 안에서 하나님은 우리를 그 사랑하시는 자 안에서 열납하신 것이라(To the praise of the glory of his grace, wherein he hath made us accepted in the beloved, KJV 참조)고 말한다. 우리는 그 사랑하시는 자 안에서 받아들여졌고, 열납되었으며, 또한 수용되었다. 이 구절의 의미를 제대로 파악하려면, 우리는 다비의 주석을 참조할 필요가 있다. 다비는 자신의 주석서에서 헬라어의 의미를 설명한 후, "하나님은 우리를 하나님 호의 속으로 넣어주셨을 뿐만 아니라, 우리를 은혜와 호의가 베풀어지는 지위 속에 넣어주셨다"라고 말했다. 여기서 "우리를 열납하셨다(accepted us)"는 말은 헬라어 단어 카리스토우를 번역한 것인데, 일반적인 의미를 가지고 있는 것에 비해서 너무 교의적으로 들리는 것이 사실이다. 하지만 "우리에게 은혜 혹은 호의를 나타내셨다"라고 번역하게 되면 이 단어가 가지고 있는 힘을 충분히 전달하지 못하게 되며, "그 사랑하시는 자 안에서"는 다만 매개체로 사용될 뿐이다. 그렇지만 우리가 호의 속으로 들어간 것은 그 사랑하시는 자 안에서 된 일이다. 여기서 which라는 관계대명사를 넣게 되면, 물론 그렇게 하는 것이 최상의 독법이기에, 우리는 "은혜를 인해서 호의 혹은 수용상태에 들어오게 되었는데, 그것은(which) 하나님이 우리에게 거저 주시는 은혜 안에서 된 일이다."라는 의미가 된다.

사실 사람이 쓴 모든 것은 성경의 가르침에 의해서 무게를 달아보고 검증해보아야 한다. 다비의 이러한 주석도 마찬가지이다. 하지만 다비의 이러한 설명을 신뢰하는 이유는, 그것이 자신의 생애 전부를 말씀 연구에 헌신했던 사람의 영적인 판단이기 때문이라는 사실을 잊지 말아야 한다. 만일 독자가 하나님의 자녀라면, 이미 성령의 기름부음을 받았기에(요일 2:20), 무엇이 참된 하나님의 생각인지를 분별할 수 있는 수단을 이미 가지고 있음을 잊지 말라. 우리가 살펴보고 있는 이 구절은 에베소서를 이해하는데 매우 중요한 열쇠를 제공하고 있다. 우리 영혼이 단순할수록 진리는 더 잘 보이는 법이다.

이 구절은 과연 우리에게 베풀어진 은혜 안에서 이러한 호의 혹은 수용이 그 사랑하는 자이신 그리스도를 통해서 주어진 것만을 말하는 것일까, 아니면 우리가 그리스도 안이라고 하는 이처럼 복된 자리에 들어온 것을 말하고 있는 것일까? 과연 어느 쪽인가? 사실 이 둘 사이에는 엄청난 차이점이 있다. 만일 이러한 호의가 그리스도를 통해서 우리에게 주어진 것만을 설명하는 것이라면, 구약성도들도 하나님 앞에서 우리와 동일한 신분에 있다고 말할 수밖에 없다. 하지만 만일 "그 사랑하는 자 안"이라고 하는, 이처럼 경이로운 지위에 신약성도인 우리가 들어가게 된 것을 의미하는 것이라면, 이것은 지금 우리가 하나님 앞에서 그리스도 안에 있음을 선포하는 것이다. 따라서 "그 안에(in Him)"라는 말은 신약시대의 모든 신자가 들어간 자리를 표현하는 말이며, "그리스도 안에"라고 하는 자리는, 그리스도께서 들어가 계신 영광의 자리를 가리키는 것이다. 결과적으로 우리는 하나님의 형언할 수 없는 은혜로 말미암아, 하나님과 그 사랑하시는 자이신 그리스도와 가장 가깝고 가장 친밀한 정도와 동일한 지위 안에 들어온 것이다. 즉 그리스도께서 자리 잡으신 그 자리에 우리도 들어온 것이다. (이 자리는 하나님의 우편에 앉으신 그리스도에게 주신 최고의 자리를 가리키는 것이 아니라, 다만 죽으셨다가 다시 부활하심으로써 들어간 천상세계에서의 그리스도의 자리를 가리킨다.) 따라서 하늘에서 그리스도의 자리가 지금 모든 신자들의 자리인 것이다.

이처럼 복된 자리에 들어가게 하신 하나님의 은혜를 맛보려면, 독자께서는 직접 에베소서 1장 1절부터 5절까지 기도하는 마음으로 읽어보길 바란다. 이 모든 구절들이 우리가 지금 살펴보고 있는 내용들을 지지해주고 있기 때문이다. 많은 사람들이 혼동을 일으키는 이유는, 하나님께서 그리스도의 십자가를 통해서 육신 안에 있는 사람을 함께 십자가에 못 박음으로써, 육신에 대한 하나님의 다루시는 역사의 종지부를 찍었다는 것을 분명하게 보지 못하고 있기 때문이다. 즉 육신 안에 있는 사람을 가리키는 첫 사람 아담을 그리스도의 죽음을 통해서 단번에 영원히 제거해버리셨고, 그리스도께서 승천하실 때에는 완전히 새로운 창조의 역사로 말미암아서, 인자로서 (여전히 하나님의 아들이시긴 하지만) 하나님의 영광 속으로 들어가셨다. 따라서 육신을 십자가에 못 박고, 그 그리스도와 연합을 이룬 그리스도인은 더 이상, 땅에 속한 첫 번째 사람이었던 아담의 계보를 따르는 존재가 아니라, 하늘에 계신 두 번째 사람의 계보를 따르는 존재이다. "첫 사람은 땅에서 났으니 흙에 속한 자이거니와 둘째 사람은 하늘에서 나셨느니라 무릇 흙에 속한 자는 저 흙에 속한 자들과 같고 무릇 하늘에 속한 자는 저 하늘에 속한 자들과 같으니 우리가 흙에 속한 자의 형상을 입은 것같이 또한 하늘에 속한 자의 형상을 입으리라." (고전 15:47-49). 그렇다면 그리스도인은 하늘에 속한 질서와 특징을 가진 사람이다. 하늘은 그리스도인이 (장차 들어갈 장소가 아니라) 지금 속해 있는 자리(the place, 처소)인 것이다. 이 때문에 그리스도인은 이 세상에서 순례자와 나그네이다. 그리스도인은 땅에 속한 자의 형상을 입었던 것처럼, 하늘에 속한 자의 형상을 입게 될 날을, 그 시간을 기다린다. 만일 이 진리를 볼 수 있는 영적 통찰력이 없다면, 기독교는 도무지 이해할 수 없는 수수께끼가 될 수밖에 없다고 조금도 주저함 없이 말할 수 있다.

제 6 장
그리스도 예수 안에서 함께 하늘에 앉아 있다는 것은 무엇인가?
What is it to be seated in the heavenlies in Christ Jesus?

전체 에베소서는 에베소서 1장 3절 "찬송하리로다 하나님 곧 우리 주 예수 그리스도의 아버지께서 그리스도 안에서 하늘에 속한 모든 신령한 복으로 우리에게 복을 주셨다"는 것이 무엇인지를 풀어서 설명하고 있다. 이 구절에서 찬송을 올리는 내용에는 세 가지가 있다.

첫 번째, 우리가 받은 모든 복은 우리 주 예수 그리스도의 하나님과 아버지께로부터 우리에게 흘러나온다. 구속의 역사에 근거해서, 우리는 그리스도께서 하나님과의 관계 속에서 친히 누리시는 것과 동일한 관계 속으로 들어왔다. 다시 말해서, 하나님은 지금 우리의 하나님이면서 동시에 우리의 아버지이시다. 왜냐하면 하나님은 우리 주 예수 그리스도의 하나님이시면서 동시에 우리 주 예수 그리스도의 아버지이시기 때문이다(요 20:17).

두 번째, 이 모든 신령한 복들이 우리가 그리스도 안에 있는 존재가 된 결과로, 우리의 것이 되었다.

세 번째, 우리가 소유하고 있고 또 누리고 있는 자리는 바로 하늘에 있다.

이제 독자들은 기도하는 마음으로 이 구절을 다시 읽어보고, 이 세 가지 요소들이 진정 무엇을 의미하는 것인지를 깨달아 신령한 복을 누릴 수 있기를 바란다.

"그리스도 예수 안에서 함께 하늘에 앉아 있다"는 것이 무엇인지에 답하려면, 우리는 우선적으로 그리스도로 말미암아 하늘에 속한 자가 되었다는 것이 무슨 의미인지를 알아야 한다. 이것은 에베소서 1장 끝에 잘 설명되어 있다. 사도 바울은 "우리 주 예수 그리스도의 하나님, 영광의 아버지께서 지혜와 계시의 정신을 너희에게 주사 하나님을 알게 하시고 너희 마음 눈을 밝히사 그의 부르심의 소망이 무엇이며 성도 안에서 그 기업의 영광의 풍성이 무엇이며 그의 힘의 강력으로 역사하심을 따라 믿는 우리에게 베푸신 능력의 지극히 크심이 어떤 것을 너희로 알게 하시기를 구하노라 그 능력이 그리스도 안에서 역사하사 죽은 자들 가운데서 다시 살리시고 하늘에서 자기의 오른편에 앉히사"(엡 1:17-20)라고 기도하고 있다.

우리는 여기서 하나님의 지극히 크신 능력이 그리스도의 부활을 통해서 나타났으며, 이를 위해서 하나님이 개입하심으로써, 무덤에 누어있던 그리스도를 일으키시고 또 그리스도를 다시 살리시고 하늘에서 자신의 오른편에 앉게 하셨다는 사실을 배울 수 있다. 뿐만 아니라 "모든 정사와 권세와 능력과 주관하는 자와 이 세상뿐 아니라 오는 세상에 일컫는 모든 이름 위에 뛰어나게"(21절) 하신 것도 알 수 있다. 이제 더욱 놀라운 사실은, 하나님의 완전한 은혜의 대상인, 바로 우리에게 그 하나님의 능력을 베푸셨다는 것이다. 즉 "그의 힘의 강력으로 역사하심을 따라" 또한 그 지극히 크신 능력을 믿는 우리에게 베푸신 것인데, 그 능력은 하나님이 그리스도에게 역사했던 능력이었다(19-20절).

만일 에베소서 1장이, 그리스도에게 역사했던 그 강력한 능력의 효력이 무엇인지를 우리에게 소개하고 있다면, 에베소서 2장은 그 효력이 하나님의 백성이 된 우리에게 어떻게 나타났는지를 알려주고 있다. 그래서 에베소서 2장은 이렇게 시작된다. "너희의 허물과 죄로 죽었던 너희를 살리셨도다." 이어서 사도 바울은 하나님의 그처럼 지극히 큰 능력이, 우리가 지은 죄들 가운데서 누어있던 자리에서부터 어떻게 역사했는지를 지적하면서 설명하고 있다. (왜냐하면 은혜 가운데 우리에게 오신 그리스도는 우리가 죽어 있는 상태에게까지 내려오셨기 때문이다.) 긍휼에 풍성하신 하나님은, 우리를 사랑하신 그 큰 사랑을 인하여, 우리를 그리스도와 함께 살리셨고, 우리를 (유대인과 이방인 모두를) 함께 일으키셨고, 우리를 (유대인과 이방인 모두를) 그리스도 예수 안에서 함께 하늘에 앉게 하셨다. 하나님의 영광을 위하여, 하나님의 목적을 성취하신 그리스도께서는 자기 백성들과 자신을 동일시하셨고, 하나님은, 하나님의 영광을 위하여 모든 것을 성취하신 그리스도에 대한 반응으로, 역사 속에 개입하심으로써 부활로 응답하셨다. 그 효과는 이중적인 것으로 나타났다. 첫 번째, 그리스도께서 영광의 자리에 들어가셨다. 두 번째, 우리는 그 자리를 그리스도 안에서 차지하게 되었다. 따라서 그 결과 우리는 그리스도 안에서 하늘에 앉아 있는 존재가 된 것이다.

어떤 사람들은 우리가 그리스도 안에서 하늘에 있다는 의미를, 단지 그리스도께서 새로운 인류의 머리가 되신 것으로만 이해해야 한다고 말한다. 과연 그런가? 첫째, 에베소서는 그리스도를 새로운 인류의 머리로 말한 적이 한 번도 없다. 그리스도는 만물 위에 교회의 머리이시고, 교회는 그리스도의 몸이며, 만물 안에서 만물을 충만케 하시는 자의 충만이시다(엡 1:22,23). 게다가 우리는 "하늘에 있는 것이나 땅에 있는 것이 다 그리스도 안에서 '세움을 입게' 하려 하심이라"(엡 1:10, 다비역)는 구절을 볼 수 있다. 하지만 이 구절은 그리스도께서 새로운 인류의 머리 되심을 의미하지 않는다. 둘째, 그리스도께서 새로운 인류의 머리되셨다는 것은 그리스도 안에서가 아니라, 그리스도로 말미암아서 우리가 모든 신령한 복으로 복을 받았음을 암시한다. 물론 그리스도는 우리에게 복이 흘러오는 통로이시며, 그것도 사실 그리스도는 우리를 위한 하나님의 복이 흐르는 유일한 통로이시다. 따라서 그리스도와 연합을 이루고, 그리스도의 몸의 지체가 되는 길만이 신령한 복을 누리는 길이며, 그렇게 우리는 그리스도 안에서 복을 받았다. 이것이 바로 에베소서의 중심적인 메시지인 것이다.

어떤 사람들은 우리가 그리스도의 몸의 지체가 되는 것은 하늘에서가 아니라 땅에서 된 것이라고 주장한다. 하지만 이러한 주장은 에베소서 2장을 보면 사실이 아니다. 에베소서 2장은 흔히 말하듯, 하나님의 측면에서, 즉 하나님의 목적이라는 관점에서 모든 것이 완성되었음을 보여준다. 하나님의 계획은 성취되었고, 하나님은 자기 앞에서 그리스도 안에 있는 하나님의 모든 교회가, 유대인과 이방인이 동일하게, 모든 차이점들이 폐지된 상태에서, 그리스도 안에서 앉아 있도록 하셨다. 하나님은 이것을 우리에게 계시해주심으로써, 우리의 참된 자리가 무엇이며, 우리가 받은 복의 특징이 무엇인지를 보게 해주셨고, 우리가 앞으로 살고 또 기동해야 하는 정신이 무엇인지를 알게 해주셨다.

어떤 사람들은 그리스도께서 하나님의 우편 보좌에 앉아 계시고, 또 이 자리는 오직 그리스도에게만 속한 것이기 때문에, 우리는 그리스도께서 지금 계신 자리에, 감히 그리스도 안에서 함께 앉아 있다는 말을 할 수 없다고 주장한다. 물론, 하나님의 우편 보좌는 우리의 찬송 받으실 주님께만 속해 있는 지극히 높은 위엄의 자리이며, 하나님은 그리스도께 그 자리를 주시길 기뻐하셨고, 성도들은 그 자리를 그리스도에게만 주어진 자리로 인식해야 한다는 것은 지극히 당연한 사실이다. 그럼에도 이 사실은 신자들이 그리스도 안에서 그리스도께서 지금 계신 자리에 있다는 진실과 상충되지 않는다. 하나님 우편에 있는 그리스도의 자리는 위치적인(positional) 것으로서, 위치적으로 그리스도의 지극히 높으심을 나타내고 있는 것이다. 이 사실을 침해하는 주장은 거룩하지 못한 생각으로 점철된 사상일 뿐이다.

이러한 주장을 하는 사람들에게 묻고 싶다. 그리스도께서 하나님 앞에서 계시지 않은가? 그리스도께서는 하늘에서 그 몸의 머리로서 계신 것이 아닌가? 성도들이 실제로 그리스도와 연합된 것이 아닌가? 그러므로 긍휼에 풍성한 하나님이, 우리를 사랑하신 그 큰 사랑을 인하여 우리를 그리스도와 함께 살리셨고, 함께 일으키셨고, 그리스도 예수 안에서 함께 하늘에 앉히신 것이 사실이 아닌가? 그렇다. 지금 하나님의 눈앞에는 전체 교회가 있으며, 하나님은 그 교회를 통해서 "그리스도 예수 안에서 우리를 향한 자비하심 가운데, 그분의 은혜의 지극히 풍성함을 오는 여러 세대에 나타내[길]' 바라신다.

이처럼 어떤 사람들의 주장은, 사도 바울이 쓴 여러 서신서들에서 가르치고 있는 그리스도와의 연합의 진리를 혼동시키고, 교회의 하늘에 속한 특징과 하늘의 부르심을 모호하게 만들고, 신자의 지위에 대한 진리를 약화시킬 뿐이다. 이제 우리는 사도 바울이 받은 그리스도와의 연합의 진리를 바로 이해함으로써, 교회가 그리스도 안에서 하늘에 앉게 됨으로써 받게 된 신령한 복을 풍성히 누릴 수 있기를 바란다.

제 7장
그리스도와 우리의 연합
Our Association with Christ

골 2:20-23, 3:1-4을 읽으시오.

그리스도와의 연합의 진리에는 세 가지 측면이 있다. 즉 우리는 "그리스도와 함께 죽었고", "그리스도와 함께 부활했으며", "장차 영광 가운데 그리스도와 함께 나타날 것"이다.

그리스도와의 연합의 진리가 가지고 있는 세 가지 측면은 우리에게 참으로 복된 것이다. 무한한 은혜 가운데 계신 하나님은 우리를 그리스도와 동떨어진 존재로 보시지 않는다. 그리스도께서 죽으셨기에, 우리도 그리스도와 함께 죽었다. 그리스도께서 살아나셨기에, 우리도 그리스도와 함께 살아났다. 그리스도께서 영광 중에 통치하고자 이 세상에 오실 것이며, 우리는 그리스도와 함께 그토록 하나로 단단히 결속되어 있기에, 그리스도께서 나타나실 때 우리도 그리스도와 함께 영광 중에 나타날 것이다. 하나님은 이처럼 우리를 온전히 그리스도와 하나가 된 존재로 보신다.

이제 우리가 그리스도와 연합되었다는 것이 무엇을 말하는 것인지 세 가지 측면에서 살펴보고, 이 세 가지 측면에 속한 책임에 대해서도 알아보자.

1. 그리스도의 죽음으로의 연합

첫 번째, 우리가 살펴볼 구절은 "너희가 그리스도와 함께 죽었거든"(골 2:20)이다. 우리 가운데 많은 사람들이 그리스도와의 연합의 첫 번째 측면인, "그리스도와 함께 죽었다"는 것을 고백하기를 두려워하고 있다. 대부분의 신자들은 자신이 죄 사함 받았다는 것은 잘 알고 있다. 그래서 '죄 사함을 받았습니까?' 라는 질문에 주저 없이 '네, 그렇습니다.' 라고 대답한다. 물론 어떤 사람들의 경우에는 자신의 죄가 영원히 속죄되었다는 믿음도 없이 교회생활을 하고 또 예배에 참여하는 경우도 있다. 여기에 해당하는 사람들은 그리스도의 완성된 구속 사역을 통해서 우리의 모든 죄들을 영원히 속죄한 그리스도의 피를 바라보시기를 바란다(히 9:12-14, 10:9-18을 읽으라). 이제 우리 자신의 모든 죄가 용서되었다는 믿음을 가진 자들에게는 한 가지 질문을 더하고 싶다. "당신은 진정 그리스도와 함께 죽었는가? 그리고 그리스도와 함께 죽었다는 것이 무슨 의미인지를 아는가?"

그리스도와 함께 죽음으로써 영적 해방이 이루어진다

그리스도와 함께 죽었다는 것은 참으로 경이로운 일이며, 우리가 깊이 생각해볼 주제이다. 왜냐하면 우리가 그리스도의 죽으심 안에서 그리스도와 연합되었다는 진리 속으로 실제로 들어가기까지 영혼의 자유를 결코 맛볼 수 없기 때문이다. 그리스도의 죽음을 통해서, 우리는 죄 사함을 받을 뿐만 아니라, 나의 유죄 상태도 끝나고, 더구나 나 자신도 끝나게 된다. 따라서 그리스도의 죽음 속으로의 연합을 알게 되면, 나는 나 자신이 이미 죽은 존재라는 실체 속으로 들어가게 된다. 그렇다면 나도 사도 바울과 더불어 "내가 그리스도와 함께 십자가에 못 박혔나니 그런즉 이제는 내가 사는 것이 아니요 오직 내 안에 그리스도께서 사시는 것이라 이제 내가 육체 가운데 사는 것은 나를 사랑하사 나를 위하여 자기 자신을 버리신 하나님의 아들을 믿는 믿음 안에서 사는 것이라"(갈 2:20)고 고백할 수 있게 된다. 내가 살지만 더 이상 내가 사는 것이 아니다. 나 자신(자아)는 이미 죽었다.

이 사실을 조금 더 살펴보자. 이 주제는 영적 해방과 연결되어 있다. 즉 그리스도와 함께 죽었다는 진리를 통해서 우리는 영적 해방을 경험하게 된다.

죄에게서 해방되다

우리가 잠시 로마서 6장을 살펴보면, 해방의 진리가 가지고 있는 첫 번째 측면이 소개되어 있다. 이 주제를 자세히 다루지는 않을 것이다. 다만 성경은 이처럼 보배로운 해방의 진리를 담고 있기에, 이 진리를 경험적으로 알기까지 포기하지 않기를 바라는 마음을 독자들에게 전달하고 싶다. 우리는 로마서 6장에서 "우리가 알거니와 우리 옛 사람이 예수와 함께 십자가에 못 박힌 것은 죄의 몸이 멸하여 다시는 우리가 죄에게 종 노릇 하지 아니하려 함이니 이는 죽은 자가 죄에서 벗어나 의롭다 하심을 얻었음이니라"(롬 6:6)라는 구절을 볼 수 있다. 여기서 죄의 몸이 "멸하여"라는 단어는 사실은 "아무 것도 아닌 것이 되어"라는 뜻이다. 이 구절은 우리가 지은 죄들(sins)에 대한 것이 아니라, 우리 속에 있는 죄(sin)에 대한 것이며, 바로 죄 자체를 다루고 있다. 이 사실을 염두에 두고 있어야 주제에서 벗어나지 않게 된다. 우리가 그리스도의 죽음을 통해서 해방된 것은 첫 번째, 우리를 늘 죄를 짓게 하고, 죄 아래 끌고 가는 엄청난 힘과 권세를 가진 우리 속에 있는 죄(sin)로부터의 해방인 것이다.

하나님에게서 (영원 속죄를 통해서) 죄 사함을 받은 것을 경험한 우리 대부분은 우리 속에 내주하는 죄 때문에 극심한 고통을 당한다. 우리가 회심했을 때, 우리 영혼 속에는 엄청난 기쁨이 있었다. 하지만 (사람마다 다르지만) 그것도 잠간, 이내 기쁨은 사라지고 우리 속에 잠복해있던 죄가 기회를 틈타 슬쩍 고개를 내밀더니 마침내 우리 영혼을 장악해버린다. 그렇다면 "나는 정말 구원받은 사람인가?"라는 의심에 빠지기도 한다. 그래서 만일 독자 가운데 (영원 속죄에 대한 확실한 믿음에 근거해서) 경험적으로 죄 사함을 받은 것이 아니라, 다만 '나는 신자니까 당연히 죄 사함 받은 거지'라고 머리로만 수긍하는 신앙을 가지고 있다면, 지금 다루고 있는 죄 자체로부터의 해방은 결코 경험될 수 없다는 말을 덧붙이고 싶다.

이제 그리스도와 함께 죽은 사람에게 죄(sin)는 결단코 아무 권리를 주장하지 못한다. 실제로 죽은 사람이 내 앞에 누어있다고 생각해보자. 내가 아무리 용을 써도 그로 하여금 죄를 짓게 할 수는 없다. 죄의 유혹을 피하는 방법은, 나 자신을 그리스도와 함께 죽은 자로 여기는 것 외엔 없다. 그 외엔 달리 유리한 고지를 차지할 수 있는 방법이 없다. 반면 나 자신을 그리스도와 함께 죽은 자로 여기면 나는 사탄의 공격에도 까딱하지 않을 수 있다. 당신은 과연 죽은 사람으로 하여금 죄를 짓도록 유혹할 수 있는가? 그럴 수 없다. 하지만 안타까운 사실은, 대부분 신자들이 경험하는 것은 늘상 패배의 연속이라는 것이다. 인정하고 싶지 않지만, 이것이 사실이 아닌가? 이렇게 계속해서 패배하는 삶을 사는 이유는 우리가 그리스도와 함께 죽었다는 진리를 모르고 있기 때문에, 사탄이 자신의 계략으로 우리를 꼼짝 못하도록 옭아매고 있기 때문인 것이다.

자아, 육신에서 해방되다

사랑하는 독자들이여, 이제 하나님이 우리에게 가르치고 싶어 하시는 그리스도 안에 있는 우리의 신분(위치, 자리, 지위)을 보도록 하자. 하나님은 우리를 "그리스도와 함께 죽은 자"로 여기신다. 하나님은 그리스도 안에서 "육신 속에 있는 죄를 정죄"하셨다(롬 8:3). 따라서 그리스도의 죽으심 안에서 우리가 지은 죄들 뿐만 아니라 아울러 나 자신도 정죄하사 제거해버리신 것이다. 그 결과, 나는 나의 자아(육신)로부터 해방될 수 있게 되었다. 말씀의 계시를 따라 나 자신을 그리스도의 죽음 안에서 이미 죽은 자로 받아들일 때, 나는 나 자신으로부터 해방되어 그리스도 안에 있는 자유를 맛보게 된다.

율법에서 해방되다

이제 로마서 7장으로 가보면, 우리는 두 번째로, 우리가 율법에서 해방된 것을 볼 수 있다. 이 주제들은 복음의 근본적인 진리와 연결되어 있기에 세심한 주의를 요한다. 사도 바울은 로마서 7장에서 율법을 다루고 있다. 6절은 율법에서 해방되는 진리를 소개하고 있다. 다비역에는 "이제는 우리를 가두었던 율법에 대하여 죽었으므로 우리가 율법에서 끊어졌으니 이러므로 우리가 영의 새로운 것으로 섬길 것이요 문자의 오래된 것으로 아니할지니라"고 번역되었다. 종교개혁자들은 율법이 신자의 삶의 규범이라고 정의했다. 하지만 이 구절에 따르면 율법은 결코 그리스도 안에 있는 자들에게 삶의 규범이 될 수 없다. 왜냐하면 그리스도 안에 있는 자들은 율법에 대하여 죽었고, 율법에서 해방되었기 때문이다.

세상으로부터 해방되다

이제 우리가 무엇에서 해방되었는지 영적 해방의 세 번째 측면을 살펴보자. 이것은 갈라디아서 6장에 소개되어 있다. "그러나 내게는 우리 주 예수 그리스도의 십자가 외에 결코 자랑할 것이 없으니 그리스도로 말미암아 세상이 나를 대하여 십자가에 못 박히고 내가 또한 세상을 대하여 그러하니라."(14절) 그리스도의 죽음은 우리를 세상으로부터 해방시킨다. 이렇게 영적 해방은 세 가지로부터 우리를 해방시킨다.

첫 번째는 죄로부터의 해방이다.

두 번째는 율법으로부터의 해방이다.

그리고 세 번째는 세상으로부터의 해방인 것이다.

우리는 세상에 대하여 죽었기 때문에, 결과적으로 세상으로부터 해방되었다. 따라서 그리스도인이 애굽(세상)의 흔적을 지니고 있는 것은 수치스러운 일이다. 만일 내가 그리스도의 십자가로 말미암아 세상에 대하여 십자가에 못 박혔다면, 그래서 세상에 대하여 죽었다면, 이제 세상과의 관계 속에서 행하는 나의 모든 행동은 내가 그리스도와 함께 죽었다는 사실만을 드러내는 것이어야 한다.

하나님의 말씀의 빛 가운데서 우리 자신을 성찰해볼 필요가 있다. "하나님의 말씀은 살아 있고 운동력이 있어 좌우에 날선 어떤 검보다도 예리하여 혼과 영과 및 관절과 골수를 찔러 쪼개기까지 하며 또 마음의 생각과 뜻을 판단[하기]"(히 4:12) 때문이다. 만일 우리가 매우 담대하게 그리스도와 함께 죽는 자리에 들어가게 되면, 우리는 세상으로부터 해방될 것이다. 우리는 사실 어느 도시 어느 길을 걸으면서 전혀 "육신의 정욕과 안목의 정욕과 이생의 자랑"(요일 2:16)에 자극을 받지 않고 걸어갈 수는 없다. 과연 나는 어떻게 이러한 유혹을 거부할 것인가? 나 자신을 죽은 자로 여김으로써 가능하다. 나는 나에게 자극을 주는 모든 유혹에 대한 해답을 가지고 있다. 왜냐하면 모든 은혜의 하나님께서 내가 그리스도와 함께 죽었다고 말씀하시기 때문이다.

따라서 우리가 죄로부터, 율법으로부터, 그리고 세상으로부터 해방되는 길은, 그리스도와 함께 죽음으로써만 가능하다.

사람으로부터 해방되다

이제 다시 골로새서로 돌아가 보자. 골로새서는 사람으로부터의 해방을 소개하고 있다. "너희가 세상의 초등학문에서 그리스도와 함께 죽었거든 어찌하여 세상에 사는 것과 같이 규례에 순종하느냐 (곧 붙잡지도 말고 맛보지도 말고 만지지도 말라 하는 것이니 이 모든 것은 한때 쓰이고는 없어지리라) **사람의 명령과 가르침을 따르느냐** 이런 것들은 자의적 숭배와 겸손과 몸을 괴롭게 하는 데는 지혜 있는 모양이나 오직 육체 따르는 것을 금하는 데는 조금도 유익이 없느니라."(골 2:20-23) 마지막 부분을 이해하기 쉽게 달리 표현해보겠다. "이러한 것들은 아무 가치가 없다. 그것들은 육체를 만족시키는데만 필요할 뿐이다."

그렇다면 하나님 앞에는 오직 두 사람만이 있다는 사실을 알아야 한다. 아담과 그리스도다. 성경을 통해서 우리는 아담에게서 끊어졌으며, 그리스도와 연결되었다는 것을 배웠다. 만일 내가 그리스도와 연합되었다는 진리를 모른다면 나는 아담에게서

도망칠 수 없을 것이다. 나에 대한 권한을 가진 사람에게 충성을 다해야 한다. 특별히 그가 종교적인 주장으로 압박을 가할 때 피할 도리가 없다. 하지만 나는 그리스도에게 속해 있고, 그리스도에게만 복종할 뿐이다. 어째서 아내는 남편에게, 종들은 상전에게, 자녀는 자기 부모에게 순종해야 하는 것일까? 왜냐하면 주님이 그들을 각기 순종의 자리에 두셨기 때문이다. 나는 주님이 나를 넣어 두신 모든 관계 속에서 주님께 순종한다. 따라서 나는 자유인으로 이 모든 관계를 존중한다. 이제는 모든 종교적 주장을 하는 사람에게서 완전히 해방되었다. 나는 오로지 그리스도에게만 충성을 바치며, 주님이 순종하도록 말씀하신 사람에게만 순종한다.

이 진리에 대한 이해를 돕기 위해서 몇 가지 예를 들어보겠다.

사람들은 와서 이렇게 말한다. "우리는 세상에서 위대하고도 선한 일을 위해서 서로 협력하도록 서로 묶여 있습니다. 함께 하실 거죠?" 나는 대답한다. "당신이 위대하고 선한 일을 하신다니 참으로 기쁘기 그지없습니다. 하지만 그것이 그리스도의 뜻에 어긋난다면 당신과 함께 할 수 없습니다."

마찬가지로, 어떤 정치인이 내게 지지와 협력을 호소한다면 나는 그리스도와 함께 죽었다는 진리를 붙들 것이다. 그렇다면 나는 무난히 정치를 떨쳐버릴 수 있다. 죽은 사람이 어찌 세상의 정치에 상관할 수 있겠는가? 나는 사회운동이나 인간의 조직도 그렇게 떨쳐버릴 수 있다. 사실 나는 사람의 눈에 신성하게 보이는 모든 것을 내가 그리스도의 죽음에 연합되었다는 이유로 거절한다. 이 모든 것들은 세상에서 나름 제 자리와 제 몫이 있지만 나는 그리스도와 함께 죽었다는 진리의 힘 때문에 세상에서 벗어날 수 있다.

2. 그리스도의 부활로의 연합

이제 그리스도와의 연합의 진리가 가진 두 번째 측면을 살펴보자. 골로새서 2장 20절은 12절과 연결되어 있음에 주목해야 한다. 이것은 그리스도와의 연합이 가진 첫 번째 측면이다. 그리고 12절의 나중 부분은 골로새서 3장 1절과 연결되어 있다. 골로새서 3장 1절은 이렇게 말한다. "너희가 그리스도와 함께 다시 살리심을 받았으면 위엣 것을 찾으라 거기는 그리스도께서 하나님 우편에 앉아 계시느니라."

만일 우리가 그리스도와 함께 살아났다면, 우리는 이 세상에서 우리의 자리를 잃어버린 것이다. 골로새서는 특별히 이 진리를 다루고 있다. 로마서는 그리스도와 함께 죽었다는 사실만을 다룰 뿐, 더 나아가지 않는다. 이제 골로새서에 오면, 우리는 다만 그리스도와 함께 죽은 것으로 끝난 것이 아니라 그리스도와 함께 살아난 것을 볼 수 있다. 비록 여전히 이 세상에 살지만 우리는 죽었고 다시 살아났다. 에베소서에 오게 되면, 한 단계 더 나아간다. 우리는 "그리스도 예수 안에서 함께 하늘에 앉아"(엡 2:6) 있다.

그리스도와 함께 살아난 사람은 하늘에 속한 사람이 된다

우리가 그리스도와 함께 살아난 결과는 우리가 더 이상 이 세상에 속하지 않은 존재가 되었다는 것이다. 따라서 우리는 위엣 것을 찾아야 한다. 거기서 그리스도께서는 하나님 우편에 앉아 계시기 때문이다. 질문이 생긴다. 대체 이 모든 것들은 무엇을 의미하는 것인가? 그에 대한 대답은 이렇다. 이 모든 것들은 그리스도께서 하나님의 우편에 앉아 계신 자리가 가지고 있는 특징들을 묘사하는 것이며, 그리스도께서 중심으로 하고 있는 하늘 영광의 장면을 표현하는 것이다. 그리스도께서 그곳에 계시기 때문에 우리도 그 자리를 소유하고 있다.

구약성경에서 이에 대한 예화를 인용해보자. 우리는 종종, 시편은 정상적인 그리스도인의 경험이 아니라는 말을 하곤 한다. 물론 맞는 말이다. 하지만 우리가 시편에 오게 되면, 시편에서 사용하는 상당 부분의 표현들이 우리 영혼의 그대로의 모습을 반영하고 있는 것을 인정하지 않을 수 없다. 시편 63편을 보자. "하나님이여 주는 나의 하나님이시라 내가 간절히 주를 찾되 물이 없어 마르고 곤핍한 땅에서 내 영혼이 주를 갈망하며 내 육체가 주를 앙모하나이다."(1절) 시편 기자는 "물이 없음"을 토로하고 있다. 이것은 또한 우리의 경험이 아닌가? 이 땅에서 우리 마음을 시원케 해줄 수 있는 것, 물에 대한 갈증을 호소하고 있다.

하나님은 우리로 하여금 이 교훈을 배우게 하신다. 시편 기자는 어쩌면 세상에서 부유해지고자 추구했을지 모른다. 하는 일마다 성공했을 것이다. 그리곤 모든 부귀의 원천을, 내 인생을 풍요롭게 해줄 진정한 수원지를 발견했다고 생각했다. 하지만 자신의 영혼의 갈증을 해갈시켜줄 것은 아무것도 없다. 우리는 이런 경우를 잘 알고 있다. 하나님은 무슨 일을 하시는가? 하나님은 그들이 이런 지경에 이르도록 내버려두곤 하신다. 그리곤 계속해서 인생을 전복시킬만한 엄청난 파도를 보내신다. 모든 측면에서 실망과 곤경에 빠지게 하신다. 사망이 엄습하도록 하신다. 이를 통해서 그들은 이 세상에는 물이 없다는 것을 실제적으로 배우도록 하신다.

하지만 시편 87편에서 시편 기자는 "나의 모든 물 샘이 주께 있나이다."(7절, KJV)라고 고백한다. 이 세상에서 나를 시원케 해줄 수 있는 것은 아무 것도 없다. 내 영혼의 목마름을 해갈시켜줄 진정한 생수는 이 세상에 없다. 그렇다면 내 영혼을 늘 새롭게 해줄 수 있는 것, 나의 모든 물 샘은 어디에 있는가? 오직 하나님께만 있다. 나는 우리 모두가 시편 기자처럼 말할 수 있을 거라고 확신한다. 이제는 우리 자신의 모든 물 샘이 하나님 안에 있다는 것이 무엇을 의미하는지를 비로소 알게 되었을 것이다.

독자들이여, 이제 당신은 이러한 믿음을 가지고 있는가? 이 세상에는 물이 없다는 사실을 받아들이겠는가? 우리는 대부분 그것을 이론적으로는 알고 있다. 우리는 이 세상 모든 것이 헛되다는 것을 알고는 있지만, 그럼에도 여전히 세상 혹은 세상에 있는 것들이 우리 마음을 가득 채우도록, 또 우리 마음을 좌지우지하도록 내버려두고 있다. 그래서 종종 우리 영혼의 만족과 회복의 근원이신 하나님을 떠나 세상에 속한 것을 얻고자 애쓰기 일쑤이다.

우리는 그리스도인으로서 이 세상을 살지만, 그렇다고 세상의 모든 일들과 아무런 관련도 짓지 않고 살아갈 수는 없다. 다만 우리는 하나님을 의지해야 하는 존재이다. 사실 하나님 외엔 아무것도 필요치 않다. 내일 우리 가운데 누군가 배가 난파되어 무인도에 갇히게 된다고 생각해보자. 다행히 음식과 쉴 곳과 의류는 충분히 제공되었다. 그러한 상황 가운데서도 과연 우리는 "나의 모든 물 샘이 주께 있나이다"라고 말할 수 있을까? 오래 전에 어떤 분이 이렇게 말했다. "우리는 가끔 세상에 속한 것을, 그리고 가끔 그리스도를 원할 뿐이다."

우리는 그러한 것이 우리의 자리가 아닐뿐더러, 유일한 우리의 자리는 그리스도께서 하나님 우편에 앉아 계신 곳임을 알도록 부르심을 받았다. 만일 누군가, 우리나라를 여행하는 여행객이 우리나라의 풍습과 문화와 법 등을 불평한다면, 우리는 분명 이렇게 설명할 것이다. "당신은 우리나라에 속하지 않았습니다. 따라서 당신에겐 그리 큰 의미가 없습니다." 이처럼 그리스도인은 이 세상에 속한 것들과 자신을 둘러싸고 있는 모든 것들로부터 벗어났다. 그리스도인은 이 세상 모든 것에 대해 타인일 뿐이며, 자신을 주님이 계신 곳에 영원히 함께 있도록 하기 위해서 다시 오실 주님만을 기다릴 뿐이다. 주님이 오시면 주님과 영원히 함께 있게 될 것이다.

골로새서 3장 2절은 설명을 필요로 한다. "위의 것을 생각하고 땅의 것을 생각하지 말라." 이것은 "너희 마음을 위에 있는 것들에 고정하라."는 의미이다. 우리가 무언가에 애정을 품듯이 그저 관심과 애정을 품으라는 뜻은 아니다. 나는 종종 사람들이 기도하는 내용을 들어본다. 물론 다른 사람들의 기도를 판단하려는 것은 아니지만, 그럼에도 우리는 영적 제사장들로서 귀한 것과 천한 것을 분별하도록 부르심을 받았다. 마찬가지로 우리의 복되신 주님, 우리 대제사장이신 주님은 우리의 기도 중에서 받으실만한 것, 하나님께 올려 드릴만한 것과 그렇지 않은 것을 구분해내실 것이다. "주님을 더욱 사랑하게 해주소서. 위의 것을 생각하고 땅의 것을 생각말게 해주소서." 이러한 기도가 지속적으로 드려지고 또 우리의 눈이 위의 것을 향할 순 있다. 하지만 이러한 것은 주님이 바라시는 바가 아니다. "네 보물 있는 그곳에는 네 마음도 있느니라."(마 6:21) 남편이 아내를 사랑하면 아내를 사랑하게 해달라고 기도할 필요가 없다. 마찬가지로 우리가 간절히 바라는 것은, 그리스도의 은혜와 아름다움과 탁월함이 우리 영혼을 사로잡는 것이며, 우리 마음은 영광 중에 계신 주님에게로 더욱 이끌리는데 있다.

그러므로 성경은 "위의 것을 생각하고 땅의 것을 생각하지 말라 이는 너희가 죽었고"(골 3:2,3)라고 말한다. 이 구절은 하나님의 말씀에서 이처럼 강하고 절대적인 구절이 없을 정도로 강하다. 하나님이 당신을 보시는 바는, 당신이 이미 죽었다는 것이다. 뿐만 아니라 당신은 주님과 함께 다시 살리심을 받았다. 따라서 당신의 마음을 주님이 계신 곳, 그리고 하늘에 있는 것들에 고정해야 한다. "너희 생명이 그리스도와 함께 하나님 안에 감추어졌음이라."(골 3:3)

이 구절은 요한서신서와 연결되어 있다. "사랑하는 자들아 우리가 지금은 하나님의 자녀라 장래에 어떻게 될지는 아직 나타나지 아니하였으나 그가 나타나시면 우리가 그와 같을 줄을 아는 것은 그의 참 모습 그대로 볼 것이기 때문이니"(요일 3:2) 우리 생명은 현재 하나님 안에서 그리스도와 함께 감추어 있지만, 그 생명이 나타날 시간이 다가오고 있다. 우리는 이 세상에 속하지 않는다. 우리는 주님이 계신 하늘에 속해 있다. 따라서 우리 생각은 하늘의 일들로 가득해야 한다.

그리스도와의 연합의 진리들과 연결된 책임에 대해서 살펴보기 전에, 그리스도와의 연합의 진리가 가지고 있는 세 번째 측면에 대해서 한 가지 더 살펴보자.

3. 그리스도의 영광으로의 연합

부활하신 그리스도와 우리의 연합은 그리스도의 재림을 기다리는 우리의 태도에 영향을 미친다. 우리는 주님이 들어가신 영광 속에 아직 들어가지 못했다. 그 결과, 우리는 우리도 영화롭게 될 그 시간을 기다리고 있다. 우리는 주님이 다시 오실 그 시간을 기다리고 있다. 그 날에 우리도 영광 중에 계신 주님처럼 영광 가운데 나타날 것이다. 우리가 살펴보고 있는 성경구절은 오랜 동안 내 마음에 품고 있었던 난제를 말끔하게 해결해주었다. 하나님의 말씀은 장차 내가 그리스도와 함께 나타날 수 있으려면, 지금 나는 그리스도와 함께 해야 한다는 것을 가르치고 있었다. 따라서 그리스도인으로서 우리의 합당한 태도는 다시 오셔서 우리를 자신과 함께 하기 위해 데리고 가실 그리스도를 지속적으로 기다리는 것이다.

주님이 오늘 오실 것처럼 지속적인 기대감으로 살라

그렇다면 이렇게 묻고 싶다. 과연 당신은 그리스도 재림의 진리에 대해서 선명한가, 그렇지 않은가? 당신은 다시 오실 그리스도를 사모하면서 오늘도 계속해서 기다리고 있는가, 그렇지 않은가? 오늘날 얼마나 많은 사람들이 이런 식으로 질문을 하는지 모른다. "과연 주님이 오늘 오실 것인가?" 계속해서 기다린다는 말은 지속적인 기대감을 가지는 것을 의미한다. 그리스도의 재림을 빼게 되면 우리는 기독교의 정수를 놓치게 된다. 이처럼 복된 소망이 내 속에 없다면 나는 다음 두 가지 가운데 하나에 떨어지게 된다. 세속적인 신앙 아니면 유대주의 신앙. 우리는 이 사실을 보지 못하고 있는 하나님의 백성들이 많다는 것을 알고 있다. 어쩌면 그들은 앞으로도 이 사실을 보지 못할 수도 있다. 그 결과는 항상 이 두 가지 가운데 한 가지에 떨어지게 된다는 것이다. 그리스도의 재림 신앙이 없다면 이 세상을 통과하며 나아가는 우리의 삶은 고달픔만 있을 뿐이다. 아무런 능력이 없을 수밖에 없다.

오랜 시간 집을 떠나 있어야 하기에 사환을 불러 일을 맡기려고 하는 사람이 있다. 그리고 언젠가 다시 돌아오마 약속의 말을 건넨다. 다만 그 날이 언제인지 확정할 순 없다. 만일 그 사환이 충성스러운 사람이라면, 주인인 내가 돌아오는 그 날이 그에게 슬픔을 주고 그의 기쁨을 빼앗을 것 같은가? 그렇지 않다. 그들은 이렇게 다짐할 것이 분명하다. '주인님이 오시는 순간까지 주인님을 위해 최선을 다하리라.' 마찬가지로 자기 남편이 다른 나라에 출장을 갔다면 사랑하는 아내는 남편이 없는 동안, 집을 정돈하고 최선을 다해 살림을 할 것이다. 과연 그럴 것 같은가, 아닌가?

하나님의 백성들도 마찬가지이다. 내가 그리스도를 소망하는 만큼, 나는 모든 일을 그리스도께 합당하게 행하고자 애쓸 것이다. 나의 전 존재가 그분에게 합당한 사람이 되는 만큼, 주님의 재림에 대한 기대는 더욱 커져만 갈 것이며, 주님을 보고 싶은 갈망은 더욱 강렬해질 것이다. 찬송을 받으실 주님은, 친히 오셔서 자기 백성을 자신에게로 영접하실 때까지 쉴 수가 없으실 것이다. 하나님도, 우리의 복되신 주님에게 주신 그 동일한 영광을 우리에게 주실 때까지 안식하지 않으실 것이다. "우리 생명이신 그리스도께서 나타나실 그 때에 너희도 그와 함께 영광 중에 나

타나리라."(골 3:4)

이제 우리가 그리스도의 죽음 속에서, 부활 속에서, 그리고 장차 올 영광 속에서 그리스도와 연합된 존재가 되었다는 사실이 가지고 있는 책임에 대해서 살펴보자.

그리스도와 연합된 자로서 우리의 책임

이를 위해서 나는 우리의 책임을 다루고 있는 두 개의 구절을 소개하고자 한다. "너희가 서로 거짓말을 하지 말라 옛 사람과 그 행위를 벗어버리고 새 사람을 입었으니 이는 자기를 창조하신 이의 형상을 따라 지식에까지 새롭게 하심을 입은 자니라." (골 3:9,10) 나는 옛 사람을 벗어버렸고, 새 사람을 입었다. 그렇다면 나는 언제 옛 사람을 벗어 버린 것일까? 그리스도의 죽음 속에 연합되었을 때이다. 나는 언제 새 사람을 입은 것일까? 그리스도의 부활 속에 연합되었을 때이다.

이제 이 사실 속에 내포된 책임의 특징에 대해서 살펴보자. 우리가 옛 사람을 벗어버린 이후부터 우리의 책임은 옛 사람이 나타나지 않도록 하는 것이다.

육신이 자신의 모습을 드러내는 데에는 세 가지 방식이 있다.

창세기 6장 11절에는 그 가운데 두 가지 방식이 나타나 있다. "그 때에 온 땅이 하나님 앞에 부패하여 포악함이 땅에 가득한지라." 즉 육신은 **'부패와 포악의 방식으로'** 자신을 드러낸다. 세 번째 방식은 창세기에서 찾을 수 없다. 사탄의 진실은 우리 주님이 세상에 오기 전까지 소개되지 않았다. 사탄의 진실이란 바로 **'거짓말'** 이다. 주님은 유대인들에게 이렇게 말씀하셨다. "너희는 너희 아비 마귀에게서 났으니 너희 아비의 욕심을 너희도 행하고자 하느니라 그는 처음부터 살인한 자요 진리가 그 속에 없으므로 진리에 서지 못하고 거짓을 말할 때마다 제 것으로 말하나니 이는 그가 거짓말쟁이요 거짓의 아비가 되었음이라."(요 8:44)

육신의 세 가지 실체

이렇게 육신이 자신의 실체를 드러내는 방식에는 세 가지가 있다. '부패', '포악', 그리고 '거짓말' 이다. 이제 골로새서 3장 8-9절을 보자. "이제는 너희가 이 모든 것을 벗어 버리라 곧 분함과 노여움과 악의와 비방과 너희 입의 부끄러운 말이라 너희가 서로 거짓말을 하지 말라 옛 사람과 그 행위를 벗어버리고" 8절에는 포악이, 9절에는 거짓말이 있다. 만일 이러한 육신의 세 가지 실체에 대한 이해가 없다면, 어째서 이 구절에서 거짓말이 언급되고 있는지 의아해할 것이다.

물론 모든 성도들은 육신의 모습이 나타나서는 안된다는 것에 대해서 동의할 것이다. 우리는 비록 육신의 행위를 정죄하기는 하지만, 그럼에도 성도들 가운데 탐욕의 모습이 있는가, 없는가? 과연 성도이기 때문에 더 이상 그 탐욕스러운 모습이 근절되었다고 말하고 싶은가? 그렇다면 분노는 어떤가? 과연 우리 중 요나처럼 "내가 성내어 죽기까지 할지라도 옳으니이다"(욘 4:9)라고 말하는 사람이 없을까? 여기서 우리는 분명히 분함과 노여움이 육신적인 행동인 것을 볼 수 있다. 우리는 이 모든 것에 대해 일절 깨끗해야 한다. 우리는 골로새서 3장 8-9절의 각각의 요소를 보면서, "나는 분한 마음을 품을 것인가, 노여움을 품을 것인가, 악의를 품을 것인가, 비방의 말을 입에 담을 것인가, 부끄러운 말을 내뱉을 것인가?"를 자신에게 물어야 한다. 나는 결코 내 의지로 이러한 행위를 하지 않을 것이며, 그렇게 하는 순간 죄를 짓는 것이 된다.

사람들은 자신이 고의로 하지 않았다고 변명한다. 하지만 그리스도인은 자신의 의지가 없는 사람이다. 어쩌면 당신은 "우리 가운데 어느 누구도 그 정도의 경지까지 오를 수 없다."고 항변의 말을 할지도 모른다. 그럼에도 나는 그것이 그리스도인에게 정하신 하나님의 기준이라고 대답할 것이다. 만일 우리가 이처럼 완전한 기준을 받아들이지 않는다면, 우리는 즉시 그보다 못한 수준의 삶으로 떨어지게 될 것이다. 그렇다면 그리스도의 도의 초보에 머무는 것으로 만족하며 살 수 밖에 없다.

이제 이 진리가 가지고 있는 긍정적인 측면을 살펴보자. "새 사람을 입었으니 이는 자기를 창조하신 이의 형상을 따라 지식에까지 새롭게 하심을 입은 자니라 거기에는 헬라인이나 유대인이나 할례파나 무 할례파나 야만인이나 스구디아인이나 종이나 자유인이 차별이 있을 수 없나니 오직 그리스도는 만유시오 만유 안에 계시니라." (골 3:10,11) 그리스도께서 모든 것이시다. 즉 그리스도는 하나님의 형상이시며, 또한 그리스도는 새 사람을 입은 모든 사람이 지고 있는 완전한 책임의 표현이시다. 하나님께서는 그리스도를 나의 행실의 기준으로 제시하고 있다.

이제 우리는 "하나님이 택하사 거룩하고 사랑 받는 자" 로서 살아가도록 부르심을 받았다. 여기 "택하사 거룩하고 사랑 받는" 이라는 세 개의 단어는 그리스도께 적용되며, 우리는 이 구절을 가지고 이렇게 노래한다.

너무도 사랑스러워, 하나님께 사랑스러워
나에게는 사랑스러운 것이 하나도 없는데,
하나님이 아들을 사랑하신 그 사랑,
바로 그 사랑을 내게도 주셨네.

그리고 나서 우리는 "긍휼과 자비와 겸손과 온유와 오래 참음을 옷 입[으라]"(골 3:12)는 명령을 받고 있다. 이러한 것들이 형제 우애를 통해서 실제적으로 나타나야 한다. "누가 누구에게 불만이 있거든 서로 용납하여 피차 용서하되 주께서 너희를 용서하신 것 같이 너희도 그리하라.]"(골 3:13)

사랑의 삶

다른 사람에게서 연약이나 실패를 본다면, 우리는 먼저 그에게 가서 책망과 권면의 말을 하고 나서, 그 후에 우리가 그를 얼마나 사랑하는지를 말해주곤 한다. 하지만 사도 바울은 그렇게 하지 않았고, 무엇보다 먼저 사랑으로 시작했다. 이것이 하나님이 우리를 다루시는 방법이다. 하나님은 항상 우리를 사랑하시며, 자신의 사랑을 먼저 나타내신다. 유명한 일화가 있다. 죽음을 앞둔 성도에게 한 친척이 심방을 가서 이렇게 위로의 말을 했다. "형제님은 주의 날개 그늘 아래서 안전하십니다." 그러자 "주의 날개 그늘 아래서라구요? 아닙니다. 저는 아버지의 품에 안겨 있습니다."라고 대답하는 것이었다. 날개는 아버지의 사랑을 느끼기에는 너무 먼 거리였다.

그리스도인에게서 나타나는 이러한 성품들은 그리스도의 사랑을 입은 자에게서 나타나는 특징이다. 예를 들어보자. 과연 누가 그리스도처럼 다른 사람을 향해 동정과 체휼의 마음을 가졌는가? 누가복음에 있는 나인성의 과부 이야기를 보자. 주님이 성문 가까이 이르셨을 때 사람들이 죽은 사람을 메고 나왔다. 그는 한 어머니의 독자였고, 그의 어머니는 과부였다. 이것은 그야말로 절대적인 절망의 그림이었다. 이후 우리는 무엇을 볼 수 있는가? "주께서 과부를 보시고 불쌍히 여기사 울지 말라."(눅 7:13)고 말씀하셨다. 우리도 그와 같은 상황에서 동일한 동정심을 가져야 마땅하다.

동정심은 "겸손과 온유가 혼합된 마음"이다. 겸손과 온유는 항상 함께 간다. 주님은 "나는 마음이 온유하고 겸손하니 나의 멍에를 메고 내게 배우라 그리하면 너희 마음이 쉼을 얻으리니"(마 11:29)라고 말씀하셨다.

골로새서 3장 13절 "누가 누구에게 불만이 있거든 서로 용납하여 피차 용서하되"라는 구절을 살펴보자. 나는 우리 가운데 누구도 서로 다투고 싸우는 것을 좋아할 것으로 생각하지 않는다. 하지만 서로에 대해 불만은 가질 수 있다. 그때 우리는 어떻게 해야 하는가? 가서 마음에 있는 불만을 털어내고, 그리스도께서 우리를 용서하신 것같이 용서하는 것이 낫지 않은가? 우리 앞에 제시되어 있는 이 모든 것들은 우리의 복되신 주님께서 이 땅에 사셨던 삶을 따라 살도록 하기 위한 것이며, 그러할 때 이 모든 것들이 우리에게서 특징적으로 나타나게 될 것이다.

이제 15,16절을 살펴보자. "그리스도의 평강이 너희 마음을 주장하게 하라 너희는 평강을 위하여 한 몸으로 부르심을 받았나니 너희는 또한 감사하는 자가 되라 그리스도의 말씀이 너희 속에 풍성히 거하여 모든 지혜로 피차 가르치며 권면하고 시와 찬송과 신령한 노래를 부르며 감사하는 마음으로 하나님을 찬양하[라.]" 이 구절에 소개된 내용들은 부수적인 것이라고 부를 수 있다.

사랑하는 독자들이여, 하나님의 백성들의 삶 속에서 꼭 필요한 것들이긴 해도 그것이 매우 작은 것들이라면, 그러한 것들을 살펴보는 것은 시간 낭비일까? 우리는 너무도 큰 진리를 살펴보았다. 문제는, 과연 이처럼 작은 것들이 우리 삶 속에 나타나고 있는가? 이다. 만일 우리가 진리를 따라 살지 않을진대, 도대체 큰 진리가 무슨 소용인가? 분명 이전보다 열정적으로 진리를 배우는 것은 환영할만한 일이지만, 진리를 살아내는 것이 더 중요하며, 그것이 우리 삶의 핵심이다. 사도 야고보는 이렇게 말했다. "나는 행함으로 내 믿음을 네게 보이리라." (약 2:18)

하나님은 오늘날 우리에게 참으로 많은 진리들을 보여주셨다. 더 많은 진리를 알수록, 더 많이 겸손해야 한다. 단지 주권적인 은혜의 역사를 따라 다른 사람에게 보다는 우리에게 더 많은 진리가 주어진 것뿐이다. 찬송 받으실 주님은 분명한 원칙을 가지고 계신다. 즉 더 많이 받은 자에게 더 많이 요구하신다. 만일 진리가 나의 입술에만 있고 나의 삶은 그에 응답하고 있지 않다면, 내가 선포하는 그 진리는 오히려 나를 정죄하는 것으로 돌아올 것이다. 하나님의 말씀 가운데 모든 권면의 말씀은 양방향으로 작용한다. 권면의 말씀을 다른 사람에게 적용하기 전에, 먼저 자신에게 적용할 때 그 말씀은 서로를 축복한다. 그렇지 않으면 서로에게 해를 입힐 뿐이다. 하나님 말씀 속에 담긴 온전한 책임을 우선적으로 자신에게 적용하는 법을 배우도록 하자.

그리스도의 평강을 누리는 삶

이제 살펴볼 말씀은 다음과 같다. "그리스도의 평강이 너희 마음을 주장하게 하라 너희는 평강을 위하여 한 몸으로 부르심을 받았나니 너희는 또한 감사하는 자가 되라 그리스도의 말씀이 너희 속에 풍성히 거하여 모든 지혜로 피차 가르치며 권면하고" (골 3:15,16) 골로새서 3장은 모든 것이 그리스도로 가득하다. 지금은 이 정도로 암시만 하고 넘어갈 것이다. 어쨌든 그리스도의 평강이 우리 마음을 주장하도록 해야 한다! 주님은 친히 "평안을 너희에게 끼치노니 곧 나의 평안을 너희에게 주노라" (요 14:27)고 말씀하셨다. 우리 마음 속에 그리스도의 평안으로 가득하다면 그 무슨 어려움이 문제가 될 것인가! 바람이 불든지, 태풍이 몰아치든지, 아무 상관이 없다. 아무리 많은 파도가 출렁거려도 바다 깊은 속으로 들어가면 모든 것이 고요할 뿐이다. 인생의 태풍과 온갖 시련을 통과하는 그리스도인들에게도 마찬가지이다. 그리스도의 평강만 있으면 충분하다. 이 평강은 주님이 이 땅에 사실 때 누리셨던 평강이다. 이 평강이 우리의 마음에 거하기만 한다면, 그 어떠한 시련이 와도 완전한 고요 가운데서 우리 자신을 지킬 수 있다.

그리스도의 말씀이 속에 풍성히 거하게 하라

그리스도의 말씀이 모든 지혜로 풍성하게 우리 속에 거하게 해야 한다. 말씀은, 다른 사람들을 가르치기 이전에, 우선적으로 내 속에 거해야 한다. 이 부분과 연결되어 있는 성경 구절이 있다. "너는 귀를 기울여 지혜 있는 자의 말씀을 들으며 내 지식에 마음을 둘지어다 이것을 네 속에 보존하며 네 입술 위에 함께 있게 함이 아름다우니라."(잠 22:17,18) 여기서 우리는 무엇보다 말씀을 "속에" 보존해야 한다는 것을 볼 수 있다. 그리고 나서 그 말씀들이 우리 "입술 위에" 있게 될 때 아름답게 된다. 우선적으로 말씀을 나의 심중에 새기고, 그 다음에 속에서부터 그 말씀들이 자연스럽게 흘러 나와야 한다. 그럴 때 다른 사람을 가르치고 또 교훈을 주는데 강력한 감화력과 함께 말씀이 흘러나오게 될 것이다.

모든 일을 다 주 예수님의 이름으로 하라

"시와 찬송과 신령한 노래를 부르며 감사하는 마음으로 하나님을 찬양하고 또 무엇을 하든지 말에나 일에나 다 주 예수의 이름으로 하고 그를 힘입어 하나님 아버지께 감사하라."(16,17절) 마지막 구절에 집중하고 싶다. 이 구절은 매우 중요한 말씀이다. 게다가 이 구절은 모든 것을 시험하는 역할을 한다.

나의 삶의 모든 것이신 그리스도

특히 어린 신자들은 그 마음이 하나님에게서 떠나갈 때, 다음과 같은 질문을 하곤 한다. "그곳에 가는 것이 그리 대수인가요? 왜 콘서트에 갈 수 없다는 겁니까? 꽃 전시회는요?" 나는 대답한다. "만일, 주 예수님의 이름으로 할 수 있다면 하십시오." 이러한 시험은 삶의 모든 방면에 적용된다. 그리스도는 현재 나의 삶에서 모든 것이 되어야 한다. 나는 내 삶 속에서 그리스도를 나타내도록 부르심을 받았다. 그리스도께서 나의 모든 행동의 동기가 되어야 하며, 내가 하는 모든 일의 이유와 근거가 되어야 한다. 입술과 삶은 우리가 그리스도로 사는 것을 표현할 수 있는 유일한 두 가지 통로이다. 그럴 때 그리스도는 나의 말과 행실을 통해서 나타나게 된다.

 이 모든 것들은 매우 단순한 것이지만 나는 이 모든 것들이 우리 마음에 늘 새롭게 역사하도록 성령님을 의지한다. 그 가운데 첫째는 우리가 그리스도와 함께 죽었고, 함께 살아났으며, 함께 영광 중에 나타나게 될 우리의 자리(신분)를 아는 것이다. 그리고 이 모든 것에 부속된 책임을 회피하지 않는 것이다. 따라서 우리가 이 세상에서 그리스도와 동행하는 삶을 산다면, 그 길에 만나게 될 모든 슬픔과 어려움은 단지 하나님을 찬양하고 하나님께 감사하는 계기가 되어줄 것이다.

E.D.

저자소개

에드워드 데넷(Edward Dennett, 1831-1914)

에드워드 데넷은 1831년 벰브릿지에 소재하고 있는 와잇 섬에서 출생했다. 그의 가족은 모두 영국 국교회 신자였다. 에드워드는 한 경건한 성직자의 도움으로 어려서 회심을 경험했다. 에드워드는 국가 교회에 대한 비성서적인 입장을 깨닫고 영국 국교회를 떠나 비국교도들이 설립한 런던 대학교에서 수학한 후 졸업했으며, 그 후 그린위치에 소재한 침례교회에서 목사가 되었다.

1873년 에드워드는 자신의 교구민 가운데 한 환자를 심방한 후 심각한 병에 걸려 1년 동안 해외에서 요양을 해야 했다. 그는 스위스 비토에서 요양차 겨울을 보내는 중, 같은 펜션에 머물고 있는 '브레들린'으로 알려진 사람들과 교제를 나누게 되었고 그간 마음에 모호했던 진리들이 명확하게 밝아지는 체험을 하게 되었다. 그는 형제들과 깊이 있는 사귐과 교제를 나누었다.

자신의 사역지로 돌아가자마자 자신의 입장을 밝힌 후, 목사직을 사임했다. 그리고 처음으로 오직 주님의 이름으로만(unto His name) 모이는 사람들과 함께 주의 상에 앉아 떡을 떼었다(breaking bread).

에드워드 데넷은 성경의 진리를 탁월하게 표현할 수 있는 은사를 받은 저자였다. 그가 쓴 책들은 영국, 아일랜드, 스코틀랜드, 노르웨이, 스웨덴, 미국에까지 전해졌고, 노르웨이, 스웨덴, 미국 등에서 자주 초청을 받았다. 그가 쓴 책 가운데 「회복된 진리, 6+1」은 근본주의 신앙의 토대를 놓는 가장 탁월한 책으로 평가를 받고 있다. 그는 높은 수준의 목양과 가르치는 은사를 가지고 섬기다가, 1914년 런던 동부, 크로이돈에서 주님의 부르심을 받았다.

형제들의 집 도서 안내

1. 조지 뮐러 영성의 비밀
   조지 뮐러 지음/이종수 옮김/값 1,000원
2. 수백만을 감동시킨 사람을 감동시킨 바로 그 사람: 헨리 무어하우스
   존 A. 비올리 지음/이종수 옮김/값 1,000원
3. 내 영혼의 만족의 노래
   W.T.P 월스톤 지음/이종수 옮김/값 1,000원
4. 모든 일을 하나님의 영광을 위하여 하라
   해리 아이언사이드 지음/이종수 옮김/값 1,000원
5. 잃어버린 영혼을 위해서 어떻게 기도해야 하는가
   오스왈드 샌더스, 찰스 스펄전 지음/이종수 옮김/값 1,000원
6. 윌리암 켈리의 로마서 복음의 진수
   윌리암 켈리 지음/이종수 옮김/값 5,000원
7. 이것이 거듭남이다[개정판]
   알프레드 깁스 지음/이종수 옮김/값 9,000원
8. 존 넬슨 다비의 영성있는 복음
   존 넬슨 다비 지음/이종수 옮김/값 5,000원
9. 로버트 클리버 채프만의 사랑의 영성
   로버트 C. 채프만 지음/이종수 옮김/값 5,000원
10. 영성을 깊게 하는 레위기 묵상
    C.H. 매킨토시 외 지음/이종수 옮김/값 5,000원
11. 존 넬슨 다비의 성경주석: 빌립보서
    존 넬슨 다비 지음/이종수 옮김/값 5,000원
12. 존 넬슨 다비의 히브리서 묵상
    존 넬슨 다비 지음/정병은 옮김/값 9,000원
13. 조지 커팅의 영적 자유
    조지 커팅 지음/이종수 옮김/값 4,000원
14. 윌리암 켈리의 해방의 체험
    윌리암 켈리 지음/이종수 옮김/값 3,000원
15. 존 넬슨 다비의 성경주석: 골로새서
    존 넬슨 다비 지음/이종수 옮김/값 7,000원
16. 구원 얻는 기도
    이종수 지음/값 5,000원
17. 영혼의 성화
    프랭크 빈포드 호올 지음/이종수 옮김/값 1,000원
18. 당신은 진짜 거듭났는가?
    아더 핑크 지음/박선희 옮김/값 4,500원

19. C.H. 매킨토시의 완전한 구원
　　　　　　　　　　　　　　　C.H. 매킨토시 지음/이종수 옮김/값 4,600원
20. 존 넬슨 다비의 하나님의 뜻을 분별하는 법
　　　　　　　　　　　　　　　존 넬슨 다비 지음/이종수 옮김/값 1,000원
21. 존 넬슨 다비의 성경주석: 요한계시록
　　　　　　　　　　　　　　　존 넬슨 다비 지음/이종수 옮김/값 10,000원
22. 주 안에 거하라
　　　　　　　　해밀턴 스미스, 허드슨 테일러 지음/이종수 옮김/값 1,000원
23. C.H. 매킨토시의 하나님의 선물
　　　　　　　　　　　　　　　C.H. 매킨토시 지음/이종수 옮김/값 4,000원
24. 존 넬슨 다비의 성경주석: 에베소서
　　　　　　　　　　　　　　　존 넬슨 다비 지음/이종수 옮김/값 8,000원
25. 존 넬슨 다비의 영적 해방
　　　　　　　　　　　　　　　존 넬슨 다비 지음/문영권 옮김/값 7,000원
26. 건강하고 행복한 그리스도인이 되는 법
　　　　　　　　　　어거스트 반 린, J. 드와이트 펜테코스트 지음/값 1,000원
27. 존 넬슨 다비의 성경주석: 로마서
　　　　　　　　　　　　　　　존 넬슨 다비 지음/문영권 옮김/값 12,000원
28. 존 넬슨 다비의 성화의 길
　　　　　　　　　　　　　　　존 넬슨 다비 지음/이종수 옮김/값 4,500원
29. 기독교 신앙에 회의적인 사랑하는 나의 친구에게
　　　　　　　　　　　　　　　로버트 A. 래이드로 지음/박선희 옮김/값 5,000원
30. 이수원 선교사 이야기
　　　　　　　　　　　　　　더글라스 나이스웬더 지음/이종수 옮김/값 5,000원
31. 체험을 위한 성령의 내주, 그리고 충만
　　　　　　　　　　　　　　　조지 커팅 지음/이종수 옮김/값 4,500원
32. 존 넬슨 다비의 성경주석: 갈라디아서
　　　　　　　　　　　　　　　존 넬슨 다비 지음/이종수 옮김/값 4,800원
33. 존 넬슨 다비의 성경주석: 요한서신서 · 유다서
　　　　　　　　　　　　　　　존 넬슨 다비 지음/문영권 옮김/값 8,000원
34. 존 넬슨 다비의 성경주석: 데살로니가전 · 후서
　　　　　　　　　　　　　　　존 넬슨 다비 지음/이종수 옮김/값 8,000원
35. 그리스도와의 연합과 구원(성경공부교재)
　　　　　　　　　　　　　　　　　　　　　문영권 지음/값 2,500원
36. 그리스도와의 연합과 성화(성경공부교재)
　　　　　　　　　　　　　　　　　　　　　문영권 지음/값 3,000원

37. 사도라 불린 영적 거장들
                                          이종수 지음/ 값 7,000원
38. 당신은 진짜 하나님을 신뢰하는가
                              조지 뮬러 지음/ 이종수 옮김/ 값 4,500원
39. 그리스도와 연합된 천상적 교회가 가진 영광스러운 교회의 소망   존 넬슨 다비 지음/ 문영권 옮김/ 값 13,000원
40. 가나안 영적 전쟁과 하나님의 전신갑주
                              존 넬슨 다비 지음/ 이종수 옮김/ 값 2,000원
41. 죄 사함, 칭의 그리고 성화의 진리
                         고든 헨리 해이호우 지음/ 이종수 옮김/ 값 2,000원
42. 하나님을 찾는 지성인, 이것이 궁금하다!
                                         김종만 지음/ 값 10,000원
43. 이것이 그리스도의 심판대이다
                                         이종수 엮음/ 값 8,000원
44. 존 넬슨 다비의 성경주석: 마태복음
                             존 넬슨 다비 지음/이종수 옮김/값 16,000원
45. C.H. 매킨토시의 하나님에 관한 진실
                              C.H. 매킨토시 지음/ 이종수 옮김/ 값 1,000원
46. 존 넬슨 다비의 성경주석: 여호수아
                              존 넬슨 다비 지음/문영권 옮김/값 8,000원
47. 찰스 스탠리의 당신의 남편은 누구인가
                               찰스 스탠리 지음/이종수 옮김/값 4,000원
48. 존 넬슨 다비의 성령론
                              존 넬슨 다비 지음/이종수 옮김/값 13,000원
49. 존 넬슨 다비의 영적 해방의 실제
                              존 넬슨 다비 지음/이종수 옮김/값 5,000원
50. 존 넬슨 다비의 주요사상연구: 다비와 친구되기
                                         문영권 지음/값 5,000원
51. 존 넬슨 다비의 죽음 이후 영혼의 상태
                              존 넬슨 다비 지음/이종수 옮김/값 5,000원
52. 신학자 존 넬슨 다비 평전
                                         이종수 지음/ 값 7,000원
53. 존 넬슨 다비의 요한복음 묵상
                              존 넬슨 다비 지음/이종수 옮김/값 8,000원
54. 프레드릭 W. 그랜트의 영적 해방이란 무엇인가
                            프레드릭 W. 그랜트 지음/이종수 옮김/값 4,500원

55. 홍해와 요단강을 통해서 나타난 하나님의 구원
    윌리암 켈리 지음/ 이종수 옮김/ 값 4,800원
56. 그리스도와의 연합을 위한 성령의 역사
    윌리암 켈리 지음/ 이종수 옮김/ 값 19,000원
57. 누가, 그리스도인인가?
    시드니 롱 제이콥 지음/ 박영민 옮김/ 값 7,000원
58. 선교사가 결코 쓰지 않은 편지
    프레드릭 L. 코신 지음 / 이종수 옮김/ 값 9,000원
59. 사랑의 영성으로 성자의 삶을 살다간 로버트 채프만
    프랭크 홈즈 지음 / 이종수 옮김/ 값 8,500원
60. 므비보셋, 룻, 그리고 욥 이야기
    찰스 스탠리 지음 / 이종수 옮김/ 값 7,500원
61. 구원의 근본 진리
    에드워드 데넷 지음 / 이종수 옮김/ 값 6,500원
62. 회복된 진리, 6+1
    에드워드 데넷 지음/ 이종수 옮김/ 값 6,000원
63. 당신의 상상보다 더 큰 구원
    프랭크 빈포드 호올 지음/ 이종수 옮김/ 값 6,500원
64. 뿌리 깊은 영성의 그리스도인으로 사는 법
    찰스 앤드류 코우츠 지음/ 이종수 옮김/ 값 9,000원
65. 천국의 비밀 : 천국, 하나님 나라, 그리고 교회의 차이
    프레드릭 W. 그랜트 & 아달펠트 P. 세실 지음/이종수 옮김/ 값 7,000원
66. 존 넬슨 다비의 성경주석: 베드로전·후서
    존 넬슨 다비 지음/장세학 옮김/ 값 7,500원
67. 존 넬슨 다비의 영광스러운 구원
    존 넬슨 다비 지음/이종수 엮음/ 값 15,000원
68. 어린양의 신부
    W.T.P. 월스톤 & 해밀턴 스미스 지음/ 박선희 옮김/ 값 10,000원
69. 성경에서 말하는 회심
    C.H. 매킨토시 지음/ 이종수 옮김/ 값 6,000원
70. 십자가에서 천년통치에 이르는 그리스도의 길
    존 R. 칼드웰 지음/ 이종수 옮김/ 값 7,500원
71. 그리스도와의 연합이란 무엇인가?
    에드워드 데넷 지음/ 이종수 옮긴/ 값 9,000원

Originally published under the title of
"Our Association with Christ"
by Edward Dennett
Copyright©Les Hodgett, Stem Publishing
7 Primrose Way, Cliffsend, Ramsgate, Kent, U.K.

Korean translation copyright
ⓒ 2015 by Brethren House, Korea
All rights reserved

그리스도와의 연합이란 무엇인가?
ⓒ형제들의 집 2015

초판 발행 • 2015.01.28
지은이 • 에드워드 데넷
엮은이 • 이 종 수
발행처 • 형제들의집
판권ⓒ형제들의집 2015
등록 제 7-313호(2006.2.6)
Cell. 010-9317-9103
홈페이지 http://www.brethrenhouse.co.kr
카페 cafe.daum.net/BrethrenHouse
ISBN 978-89-93141-71-9 03230

* 값은 뒤표지에 있습니다.
* 잘못된 책은 바꿔드립니다.
* 서점공급처는 〈생명의말씀사〉입니다. 전화(02) 3159-7979(영업부)